Carina Thiemann

ICH FÜHLE WAS, WAS DU NICHT SIEHST

Carina Thiemann

ICH FÜHLE WAS, WAS DU NICHT SIEHST

Wie dein Kind die Welt erlebt
und warum sich ein Perspektivwechsel
für die ganze Familie lohnt

KÖSEL

FSC MIX Papier | Fördert gute Waldnutzung FSC® C083411 www.fsc.org

Klimaneutral* Druckprodukt ClimatePartner.com/14044-1912-1001

Penguin Random House Verlagsgruppe FSC® N001967

2. Auflage 2023

Redaktion: Dr. Daniela Gasteiger
Umschlaggestaltung: zero-media.net, München
Umschlagmotiv: Steven Meert / Moment / Getty Images; FinePic®, München
Grafiken: © 2023 Kösel Verlag, München; Grafik S. 25 unter Verwendung einer Illustration von © Chorna L / stock.adobe.com, Grafik S. 155 oben unter Verwendung einer Illustration von © Uchimatako / stock.adobe.com, Grafik S. 155 unten unter Verwendung einer Illustration von © Yevheniia / stock.adobe.com
Druck und Bindung: CPI books GmbH, Leck
Printed in Germany
ISBN 978-3-466-31195-8
www.koesel.de

INHALT

EINLEITUNG

Wärst du gern Kind mit dir als Elternteil?

Vor einigen Jahren stolperte ich als junge Erzieherin und frische Bonusmama eines Kleinkindes über die Frage: »Wärst du gern Kind mit dir als Elternteil oder Pädagog:in?« Sie sollte mich mehr bewegen, als ich erahnen konnte. Mir fielen sofort zahlreiche Situationen ein, in denen ich darauf mit einem ganz klaren »Nein« antworten musste und die mir einen Stich versetzten, egal ob in meiner Arbeit mit Kindern oder meinem Patchwork-Familienleben: Immer wieder wurde ich unglaublich ungeduldig, teilweise sogar ungehalten, wenn die Kinder einfach nicht mitmachten. Ich schimpfte das Kind, das die Wände vollmalte, obwohl ich das doch ausdrücklich verboten hatte. Ich war genervt von dem Kind, das immer und immer wieder die Marmeladenbrot-Stückchen, die ich extra klein geschnitten hatte, auf den Boden warf. Ich fragte streng, was sich das Kind eigentlich dabei gedacht hat, die anderen mit Sand zu bewerfen. Fing es an zu weinen, kommentierte ich das mit einem »Da bist du jetzt selbst schuld!« Dabei liebte ich es doch, Zeit mit Kindern zu verbringen, und war weder eine schlechte Erzieherin noch eine Raben-Stiefmutter. Im Gegenteil, die meiste Zeit wurde ich als unglaublich zugewandt und mein Umgang als sehr herzlich erlebt.

Rückblickend hat mich diese Frage, ob ich gern Kind bei mir wäre, zum bisher spannendsten Abenteuer meines Lebens geführt. Es begann mit einem unwohlen Gefühl dabei, einem Kleinkind beim Mittagsschlaf in der Krippe immer wieder den Schnuller in den Mund zu drücken und es damit in den Schlaf zu zwingen. Weiter ging es damit, dass ich ratlos reagierte, als mich ein Kindergartenkind fragte, warum es eigentlich nicht die Rutsche von vorne hochklettern darf, wo doch keine Kinder von oben kamen und das Kind das auch sicher schaffen konnte. Ich stellte mein eigenes Verhalten Kindern gegenüber immer mehr infrage. Nachdem ich dann einen ersten Ratgeber zur bedürfnis- und beziehungsorientierten Begleitung von Kindern gelesen hatte, bekam ich eine Ahnung davon, dass es auch andere Wege gab, um Alltagskonflikte zu lösen.

Meine Neugier war geweckt. Ich tauchte ein in Hunderte von Büchern, ein schier unendliches Angebot an Impulsen auf Social Media und in den Austausch mit anderen Pädagog:innen und Eltern. In der ersten Zeit klang vieles, was ich las oder hörte, für mich wie eine Fremdsprache, doch nach und nach orientierte ich mich immer besser. Einigen dieser Ansätze konnte ich sofort mit Herz und Verstand zustimmen, andere lösten Fragezeichen oder auch Widerstände in mir aus.

Womöglich geht es dir ähnlich, wenn du zu diesem Buch greifst. Du hast auch dieses Gefühl, dass der Alltag mit Kindern entspannter und harmonischer verlaufen könnte, aber du hast noch keine Ahnung, wie das funktionieren soll. Oder du hast bereits ein paar Schritte in Richtung friedvolle Elternschaft gemacht. Dann weißt du bereits, dass die Begleitung der kindlichen Gefühle in Konflikten das Beste ist, was wir tun können. Trotzdem scheiterst du immer wieder daran, wirst laut, ausfallend oder gemein. Du fragst dich oder auch dein Kind immer noch manchmal voller Verzweiflung, warum es tut, was es tut – und vor allem auch dich selbst, warum das in dir so intensive Emotionen und Reaktionen auslöst.

Diese und zahlreiche andere Fragen und Anliegen von Eltern und Fachkräften sind mir begegnet, als ich anfing, auf meinem Account @welt_von_unten in den sozialen Medien Geschichten aus der Perspektive von Kindern zu teilen und Angebote für einen friedvolleren Alltag mit Kindern zu entwickeln. Ein Schlüssel für eine liebevolle Beziehung zu unseren Kindern ist, dass wir uns emotional auf diese und ihre Sichtweise der Welt einlassen. Das ermöglicht uns, in herausfordernden Situationen umzudenken und Lösungen zu finden, die uns ohne diesen Perspektivwechsel nicht unbedingt in den Sinn kommen würden. Für mich hat die Beschäftigung mit diesem Thema zu einer weiten Reise geführt: Mittlerweile begleite ich als systemische Familientherapeutin Tausende Familien und Fachkräfte dabei, Erziehung neu zu denken und neu zu leben.

Meinen Geschichten über den Perspektivwechsel ist ein wichtiger Schritt vorausgegangen. Als bedürfnisorientierte Begleitung für mich noch ein neues Thema war, hat es mir geholfen, erst einmal einen Überblick über die Grundbedürfnisse von Kindern zu gewinnen. Denn Kinder, aber auch Erwachsene brauchen beständige und liebevolle Beziehungen, Sicherheit, individuelle und entwicklungsgerechte Erfahrungen, Grenzen und Strukturen, stabile und unterstützende Gemeinschaften sowie eine sichere Zukunft. Über diese Bedürfnisse wirst du zum Einstieg in das Buch später mehr erfahren. Sie im Hinterkopf zu haben, wird dir in konfliktreichen Situationen helfen, das Verhalten deines Kindes – und auch dein eigenes – besser zu verstehen und nach liebevollen Lösungen zu suchen. Dann können wir eine glückliche Kindheit für unsere Kinder gestalten, ohne uns dabei selbst aufgeben und eigene Bedürfnisse und Grenzen missachten zu müssen.

Was erwartet dich?

In diesem Buch habe ich das Wissen über Entwicklung und Bedürfnisse mit dem Wechsel in die Perspektive des Kindes verwoben, genauso wie ich es in meiner täglichen Arbeit mache. Meiner Erfahrung nach lässt sich beides nicht trennen. Deswegen sind in diesem Buch auch die meisten Kapitel so aufgebaut, dass du anhand von ganz praktischen Beispielen neue Erkenntnisse gewinnen kannst, in denen wir in die kindliche Perspektive wechseln. Ich erzähle Geschichten, wie sie sich täglich abspielen. Wir bewegen uns dabei jeweils weg von einer Loose-Loose-Situation, in der alle verlieren, weil das Bedürfnis deines Kindes nicht gesehen und erfüllt ist und auch du selbst frustriert und unzufrieden bist. Stattdessen gehen wir in eine Win-Win-Situation, in der sicher nicht immer alle Bedürfnisse zu hundert Prozent erfüllt sind, sich aber alle Beteiligten gesehen und wertgeschätzt fühlen. Dafür ist aus meiner Sicht als systemischer Familientherapeutin notwendig, dass wir sowohl das System um dich herum betrachten, beispielsweise deine Herkunftsfamilie, als auch das System in dir drin, wobei wir uns hierbei auf dein inneres Kind konzentrieren. Die Arbeit mit dem inneren Kind habe ich in meiner eigenen therapeutischen Selbsterfahrung sowie durch das wundervolle Buch *Nimm dein inneres Kind an die Hand* von Gabriela Bunz-Schlösser kennengelernt und später mit der für mich lebensverändernden Methode des Klopfens kombiniert, die ich bei Ilga Pohlmann und Regina Herzog-Visscher erleben durfte. Diese von mir als »kombinierte Innere-Kind-Arbeit« bezeichnete Methode ist eins der Herzstücke für den Erfolg zahlreicher meiner Klient:innen, weil es nicht nur die Symptome von Alltagskonflikten lindern, sondern Probleme auch an deren Wurzel auflösen kann. Wenn du neugierig geworden bist, schildere ich dir die Methode detailliert mit mehreren Anwendungsbeispielen am Ende des Buches. Zur Veranschaulichung dieser und anderer Methoden erzähle ich außerdem immer wieder Geschichten von fiktiven Klient:innen, inspiriert von den Hunderten Fällen, die ich als Beraterin und Familientherapeutin begleiten durfte.

Meine Vision mit diesem Buch ist, dich dabei zu begleiten, gute Gründe für Verhaltensweisen zu erkennen und milde im Herzen zu werden, denn ich glaube fest daran: Es gibt immer einen guten Grund, und das milde Herz ist immer die beste Antwort. Besonders milde darfst du mit dir selbst umgehen, wenn du an manchen Stellen in diesem Buch merkst, dass du in einen inneren Widerstand kommst. Gib dir ausreichend Zeit und Selbstmitgefühl, denn womöglich verbirgt sich hinter dem Widerstand entweder eine Grenze, die es zu achten, oder ein Wert, den es zu wahren gilt, oder aber ein besonderes Wachstumspotenzial, das sich entfalten kann, wenn du den Widerstand hinterfragst und abbaust.

Ein Ausdruck meines milden Herzens ist, wie ich dich in diesem Buch anspreche. Ich habe mich bewusst dagegen entschieden, in diesem Buch lediglich die weibliche Form zu nutzen, sondern spreche Menschen jeglicher geschlechtlichen Identität an. Ich selbst lebe in einer Regenbogenfamilie, die Werte Diversität und Vielfalt sind mir sehr wichtig. Außerdem bin ich der Überzeugung, dass Sprache Wirklichkeit schafft. Damit möchte ich nicht nur transparent machen, dass immer mehr Männer und Väter sich mit der eigenen und kindlichen Gefühlswelt auseinandersetzen, sondern auch alle anderen dafür begeistern und dazu einladen, sich auf dieses Abenteuer einzulassen.

Übrigens spielt es für die Lektüre überhaupt keine Rolle, ob du dir erst noch Kinder wünschst oder bereits jüngere oder ältere Kinder hast. Vielleicht planst du aber auch gar keine eigenen Kinder, sondern begleitest sie im beruflichen oder familiären Kontext. Oder du möchtest deine eigene Kindheit reflektieren, mit der du dich schon ganz lange auseinandersetzt. Auch dann kann dir dieses Buch eine völlig neue Welt eröffnen, denn: Es ist nie zu spät für eine glückliche Kindheit. Lass mich dir zeigen, was das für echte und innere Kinder bedeuten und wie das ganz konkret aussehen kann.

Damit du dich gut darauf einstimmen kannst, die Welt aus der

Sicht deines Kindes zu sehen, schauen wir uns nun seine Bedürfnisse – und damit auch unsere – einmal genauer an. Wenn du dein Kind beim Aufwachsen gut begleiten willst, wirst du feststellen, dass hinter jedem Verhalten ein oder mehrere Bedürfnisse stehen. Am eingängigsten fand ich die sieben Grundbedürfnisse, die der Kinderarzt T. Berry Brazelton und der Kinderpsychiater Stanley I. Greenspan formuliert haben.

Die sieben Grundbedürfnisse

1. Beständige, liebevolle Beziehungen

Kinder brauchen einen feinfühligen und achtsamen Umgang mit ihren Gefühlen und Verhaltensweisen. Für ein starkes Selbstwertgefühl ist wichtig, dass Kinder unabhängig davon, wie sie ihre Gefühle gerade zum Ausdruck bringen, lernen und spüren, dass sie okay sind, auch wenn ihr Verhalten manchmal nicht okay ist. Von Anfang an sollten Kinder also eine Trennung von Mensch und Sache erleben. Eine sichere und liebevolle Beziehung zum Kind schafft den Nährboden dafür, dass das Kind sich angenommen und willkommen auf der Welt fühlt. Es braucht mindestens eine feste Bezugsperson als sicheren Hafen, bei der es Co-Regulation erlebt, um Selbstregulation lernen zu können. Nur wenn Kinder sich zuerst von uns ernst genommen und getröstet fühlen, können sie sich selbst ernst nehmen und einen gesunden Umgang mit ihren Gefühlen und den Herausforderungen des Lebens erlernen. Ein feinfühliger Umgang bedeutet, die Bedürfnisse des Kindes wahrzunehmen und grundsätzlich stimmig darauf zu reagieren. Wenn ein Kind also weint, weil das Eis auf den Boden gefallen ist, ist es sinnvoller, die Trauer des Kindes ernst zu nehmen, als das Geschehen zu verharmlosen oder davon abzulenken. Hier lohnen sich wieder der Perspektivwechsel und die Frage:

Wie möchte ich, dass auf mich reagiert wird, wenn ich eine Situation als schmerzhaft erlebe? Wie ginge es mir, wenn ich beispielsweise mein Handy verlieren würde und mein:e Partner:in darauf entgegnen würde, dass man doch einfach ein neues kaufen könne?

2. Körperliche Unversehrtheit und Sicherheit

Von Geburt an sind Kinder darauf angewiesen, dass ihre körperlichen Grundbedürfnisse nach Nahrung, Bewegung, Ruhe und Gesundheit gut versorgt werden. Wir Erwachsenen tragen außerdem die Verantwortung dafür, dass Kinder in Sicherheit sind. Bereits dieses so offensichtliche Bedürfnis kann aber zu Verunsicherung führen, da wir Bedürfnisse gegeneinander aufwiegen müssen. Ein Kind kann nicht abschätzen, wie gefährlich die befahrene Straße ist. Es will seinem Bedürfnis nach Bewegung und Spiel folgen, wenn es dem rollenden Ball hinterherläuft. Das können wir als Erwachsene jedoch nicht zulassen, da wir Kinder sonst in Gefahr bringen.

Sicherheit bedeutet zudem, dass Kinder keine Gewalt erfahren. Auch wenn wir dieser Aussage leicht zustimmen können, ist es jedoch ein sehr ambitioniertes Ziel, sie auch umzusetzen. Denn nicht nur eine Prügelstrafe oder Anschreien von Kindern ist Gewalt. Auch wenn wir trennungsbasierte Strafen wie Time-outs einsetzen, das Kind gegen seinen Willen wegtragen oder abwertende Aussagen treffen, handeln wir gewaltvoll. Bagatellisierte Gewalt gegen Kinder ist allgegenwärtig und in weiten Teilen auch noch gesellschaftsfähig.

3. Individuelle Erfahrungen

Kein Kind gleicht dem anderen. Deshalb brauchen Kinder einen individuellen Umgang mit ihren jeweiligen Bedürfnissen. Das eine Kind braucht eine Einschlafbegleitung bis ins Grundschulalter, weil es den Übergang in den Schlaf nicht allein schafft, das andere Kind fühlt sich im Familienbett unwohl und möchte seinen eigenen Schlafplatz haben. Das eine Kind geht leidenschaftlich gerne schwimmen, während das andere einem Besuch im Freibad gar nichts abgewinnen kann. Während manche Kinder darauf angewiesen sind, Routinen in ihrem Alltag zu haben, fühlen sich andere davon eingeschränkt. All das ist okay und darf sein! Kinder dürfen mit ihrer Einzigartigkeit und ihren individuellen Voraussetzungen gesehen und anerkannt sein. Für eine gesunde Entwicklung ist es wichtig, dass Kinder genügend Raum haben, ihr eigenes Temperament und ihre eigene Persönlichkeit zu entfalten. Wir können Kindern immer wieder Angebote machen und sie damit auf neue Ideen bringen. Wir können Kinder auch motivieren, mal etwas Neues auszuprobieren, auch wenn sie nur wenig Lust darauf haben. Doch Kinder haben immer das Recht auf eine freie Entscheidung.

4. Entwicklungsgerechte Erfahrungen

Wir dürfen darauf vertrauen, dass Kinder sich entwickeln und lernen wollen. Wir müssen sie nicht in Positionen oder Situationen drängen, die sie noch überfordern. Es reicht, ihnen immer wieder den Raum für Herausforderungen zu lassen und ihnen bestärkend zur Seite zu stehen. Ein Kind will in der Regel aus sich selbst heraus lernen, zu sitzen, zu laufen, zu sprechen, die Welt zu entdecken und mit anderen in Verbindung zu gehen. Es will Hürden überwinden und die eigene Frustrationstoleranz ausbauen. Dabei hat es sein eigenes Entwicklungstempo und seinen eigenen Plan, den es verfolgt. Die Vorstellung, dass ein sehr lebhaftes Kind im Schulalltag nicht lange genug stillsitzen kann, kann Eltern stressen. Doch es zeigt sich immer deutlicher, dass es eher hinderlich ist, Kinder dem System anzupassen und sie in bestimmte Formen zu pressen. Je offener wir für Individualität und Vielfalt werden, umso bunter und differenzierter kann auch unsere Gesellschaft werden. Zahlreiche Vorgaben aus Entwicklungsbögen, zahlreiche Strukturen im Bildungssystem, zahlreiche innere Überzeugungen zum Entwicklungsverlauf von Kindern entspringen weniger einer entwicklungsfördernden Haltung als vielmehr überholten Glaubenssätzen. Wir dürfen den Wandel in der Gesellschaft aus den Kernfamilien heraus vorantreiben, indem wir auf den kindlichen Eigenantrieb vertrauen und uns dafür stark machen, dass Kinder den Raum bekommen, den sie brauchen. Wenn sie dann ihrem Entwicklungsstand entsprechend gefordert und gefördert werden, meistern sie ihre Entwicklungsaufgaben mit Leichtigkeit und Freude.

5. Grenzen und Strukturen

Manche Kinder erleben Rituale, also sich wiederholende Elemente im Alltag, als Halt gebend. Solche Rituale können eine Routine beim abendlichen Zubettgehen sein, eine bindungsintensive Quality Time nach dem Kita- oder Schulbesuch oder eine festgelegte Mittagspause, in der auch die Erwachsenen sich zurückziehen. Wiederkehrende Anker im Verlauf des Tages schaffen Struktur und Sicherheit und dienen Kindern als Orientierung. Wenn Abläufe klar geregelt sind und sich dabei an den Bedürfnissen aller messen, schafft das auch für die Erwachsenen Klarheit, Halt und Entlastung. Denn wenn wir nicht mehr täglich aushandeln müssen, ob zuerst die Zähne geputzt oder ein Buch vorgelesen wird, spart man sich die Ressourcen für solche Auseinandersetzungen auf. Gleichzeitig dürfen Rituale sich auch immer wieder verändern, je nachdem, wie sie der Familie eben dienen.

Auch wenn gestern noch das Bettgehritual für alle stimmig war, kann es heute passieren, dass das Kind in den Widerstand geht oder der:die Erwachsene merkt, dass ein Zahnputz-Musical nach einem anstrengenden Tag nicht mehr drin ist. Wenn Grenzen sichtbar werden, dürfen diese wahrgenommen und akzeptiert werden. Ich behaupte, dass wir sehr stark darauf konditioniert sind, unsere eigenen Grenzen und die anderer zu überschreiten. Familien sind heutzutage häufig auf sich allein gestellt. Es braucht zwei Einkommen, um die Lebenshaltungskosten zu tragen, und viele leben in der unbewussten Annahme, all dies allein stemmen zu müssen. Nur wer etwas leistet, ist wertvoll – egal zu welchem Preis. Überstunden zu machen, sich im Elternbeirat zu engagieren und zum Nachbarschaftsfest einen selbst gebackenen Kuchen mitzubringen, mag für Anerkennung im Außen sorgen. Im Innen wird all das jedoch nur möglich sein, wenn eigene Grenzen überschritten werden.

Kinder zeigen uns in unvergleichlicher Weise und Intensität unsere eigenen Grenzen auf. Wir dürfen anfangen, diese Grenzen wahr- und ernst zu nehmen und frühzeitig darüber zu sprechen. Dabei gibt es unterschiedliche Formen von Grenzen: einerseits starre Grenzen, die unverhandelbar sind, und andererseits flexible Grenzen, bei denen das anders ist. Diese Unterscheidung eröffnet Handlungsspielräume, denn während beispielsweise das regelmäßige Zähneputzen grundsätzlich nicht verhandelbar, also eine starre Grenze ist, können Häufigkeit, Zeitpunkt und Ort durchaus verhandelbar, also eine flexible Grenze sein.

Grundsätzlich sind Grenzen weder gut noch schlecht. Manche sind sinnvoll, andere weniger. Sie existieren, und Kinder brauchen Gelegenheit, eigene Grenzen wahrzunehmen und einen Umgang mit ihnen und den Grenzen anderer zu trainieren.

6. Stabile und unterstützende Gemeinschaften

Wir sind soziale Wesen und haben ein tiefes Bedürfnis nach Verbindung und Interaktion. Für junge Kinder haben zunächst die primären Bezugspersonen die größte Bedeutung, mit zunehmendem Alter (auch hier in individuellem Tempo und persönlicher Ausprägung) werden zusätzlich Spielpartner:innen immer wichtiger. Die Interaktion mit anderen Menschen erfordert, dass wir eigene Bedürfnisse zurückstellen, und ist somit für Kinder ein großes Lernfeld. Denn die Fähigkeit, die Perspektive zu wechseln, sich selbst zu regulieren und Kompromisse einzugehen, erwerben wir erst nach und nach, abhängig auch von der Entwicklung des kindlichen Gehirns. Stabilität entsteht durch Verlässlichkeit und Kontinuität. Unterstützend sind Gemeinschaften dann, wenn jeder so, wie er ist, Teil des Ganzen sein darf und mit den eigenen Stärken und Schwächen angenommen und integriert wird.

7. Sichere Zukunft für die Menschheit

Wie es jedem Einzelnen von uns geht, hat Einfluss darauf, wie es der Gesellschaft und Menschheit als Ganzes geht. Wenn Kinder in Angst und mit Machtmissbrauch erzogen werden, werden sie diese Dynamiken in sich tragen und später reproduzieren. Wenn Kinder dazu gezwungen werden, sich für Fehlverhalten zu entschuldigen, obwohl sie gute Gründe hatten und das große Ganze noch nicht überblicken können, lernen sie nicht, auch auf andere zu achten, sondern sich anzupassen oder ihre Fehler besser vor Erwachsenen zu verstecken. Uns muss bewusst sein, dass wir damit, wie wir die Erziehung unserer Kinder gestalten, die Rahmenbedingungen der nachfolgenden Generationen schaffen. Wie viel Selbstwirksamkeit Kinder in ihrer Kindheit erleben, beeinflusst, wie selbstwirksam sie sich den ungewissen Herausforderungen der Zukunft gegenübersehen und behaupten werden. Auf welche Art und Weise wir gemeinsam mit Kindern nach Lösungen für Hürden oder Konflikte suchen, bahnt den Weg für die Lösungsstrategien, mit denen Kinder an künftige Probleme und Krisen herangehen werden. Deswegen ist eine feinfühlige und friedvolle Begleitung von Kindern längst nicht nur Privatangelegenheit, sondern ausschlaggebend dafür, in welcher Welt nachfolgende Generationen ihr Leben verbringen werden.

KANNST DU NICHT EINFACH MITMACHEN?

Kooperation und Widerstand

Wir müssen zum Bahnhof rennen, damit wir noch rechtzeitig die Bahn erwischen. Aber wir sind zu spät dran und verpassen sie. Ich schwitze und ziehe meine Mütze aus. Du schnaufst noch vom Rennen, nimmst aber sofort meine Mütze und ziehst sie mir wieder auf. Ich will das nicht! Mir ist zu warm! »Ich will das aber! Du warst gerade erst krank!« Ich habe die Mütze auf dem Kopf. Mir ist zu warm. Aber ich muss das jetzt aushalten. Du willst das so.

Wir kommen von draußen rein. Ich bin ganz durchgefroren von einem langen Spaziergang, und meine Windel ist voll. Du hilfst mir aus der Jacke und sagst: »Jetzt bekommst du erst einmal eine frische Windel!« Mir ist noch kalt, ich möchte mich erst ein wenig aufwärmen und schüttele den Kopf. »Keine Diskussion, los jetzt.« Du hebst mich auf den Wickeltisch, ich versteife mich. Mir ist kalt! Ich will nicht ausgezogen werden! »Jetzt mach doch mit, so ist es für uns beide unnötig schwer!« Ich lasse mich von dir ausziehen, obwohl ich es nicht will. Aber ich muss das jetzt aushalten. Du willst das so.

Oma und Opa sind zu Besuch. Ich spiele gern mit ihnen und habe viel Spaß. Beim Verabschieden fragt Oma: »Darf ich dir noch ein Küsschen geben?« Ich schüttele den Kopf. Du sagst: »Du willst doch die Oma nicht traurig machen!?« Oma drückt mir einen Kuss auf die Wange. Ich ekele mich. Aber das muss ich jetzt aushalten. Du willst das so.

Als Jugendliche will ein Klassenkamerad mich küssen. Ich finde ihn eklig. Aber du hast mir beigebracht, niemanden traurig zu machen. Ich habe gelernt, das muss ich jetzt aushalten. Die anderen wollen das so.

In unserem eng getakteten Alltag wünschen wir Eltern uns oft nichts anderes, als dass unsere Kinder einfach mitmachen und funktionieren. Wir haben unzählige Aufgaben und Sorgen im Kopf und auf dem Herzen. Stoßen wir dann auch noch auf den Widerstand unserer Kinder, sind wir oft am Ende unserer Kapazitäten. Wir wollen schließlich das Beste für sie und wir glauben, dass wir auch am besten wissen, was das ist. Oft stimmt das auch! Doch wenn wir ehrlich sind, zeigen verhärtete Fronten und Machtkämpfe wie in der Geschichte oben nicht den besten Weg dorthin. Wir können einmal weiterdenken, was unsere Kinder wirklich lernen, wenn wir ihnen mit solcher Härte und Kompromisslosigkeit begegnen. Der Kuss des Klassenkameraden gibt uns bereits eine Ahnung davon: Stellen wir uns vor, dass unsere Kinder zu Jugendlichen und Erwachsenen werden, die in Situationen kommen, in denen es gut wäre zu sagen: »Ich will das nicht«, und auch dazu zu stehen. Sollen sie dann wirklich gelernt haben, ein »Ich aber schon« zu akzeptieren? Vielleicht schleichen sich im ersten Moment bei uns altbekannte Sätze wie »Was uns nicht umbringt, macht uns stark« oder »Da muss man eben durch« ein. Wenn wir uns jedoch mit dem liebevollen und milden elterlichen Herzen verbinden, das nachhaltig das Beste für das Kind möchte, werden wir sehr sicher hinter diesen Mauern den Wunsch entdecken, dass unsere Kinder keine solchen Erfahrungen von Grenzüberschreitungen machen müssen.

Wir finden uns also vor der Herausforderung wieder, bessere Wege zu finden, wie wir als Erwachsene dafür sorgen können, dass unser Alltag so läuft, dass am Ende des Tages alle Beteiligten nicht nur satt und sicher sind, sondern sich auch gesehen, geborgen und geliebt fühlen. Damit sich kleine wie große Menschen gesehen fühlen, brauchen sie Zuwendung und Aufmerksamkeit. Der erste Schritt ist also, zunächst dem kindlichen und anschließend dem elterlichen Widerstand genau diese Zuwendung und Aufmerksamkeit zu schenken.

Unsichtbares sehen lernen. Das Eisbergmodell

Damit wir uns für die Perspektive unseres Kindes öffnen, kann uns das sogenannte Eisbergmodell helfen. Der größte Teil eines Eisbergs befindet sich unter der Wasseroberfläche und ist für uns nicht sichtbar. Genauso ist das mit den Gedanken, Bedürfnissen und Gefühlen unseres Kindes: Das meiste davon entzieht sich unseren Blicken und ist verborgen. Wir sehen nur, was das Kind gerade tut, wie es sich uns zeigt. Dieses sichtbare Verhalten lässt uns aber oft ratlos zurück, wenn wir es isoliert betrachten: Warum will das Kind partout die Mütze nicht anziehen? Warum will es sich so gar nicht wickeln lassen? Diese Ratlosigkeit ruft wiederum Ohnmacht in uns hervor. Wir fühlen uns nicht mehr handlungsfähig. Haben wir jetzt keine souveränen und friedvollen Strategien zur Hand, bleiben uns nicht mehr viele Möglichkeiten übrig: Wir erstarren und tun nichts. Oder wir lassen unsere Werte und guten Vorsätze fallen und handeln genau entgegengesetzt zu ihnen, um überhaupt irgendetwas zu tun. In dem Fall passiert, wofür wir uns im Nachgang häufig schlecht fühlen: Wir werden laut, grob oder unfair zu unseren Kindern. Üben wir jedoch, unter die Wasseroberfläche zu schauen und das Unsichtbare und Verborgene zu erkennen, können sich uns neue Erklärungsansätze erschließen, warum unser Kind sich jetzt genau so verhält und nicht anders. Daraus entwickeln wir neue Ideen, wie wir unseren Kindern und ihren Widerständen begegnen können.

Mit dem Eisbergmodell können wir vom äußerlichen Verhalten unseres Kindes auf seine unsichtbaren Gedanken, Bedürfnisse und Gefühle schließen. Wir wandern von der Spitze des Eisbergs Stück für Stück nach unten zu den verborgenen Schichten. Dafür gehen wir im Folgenden Schritt für Schritt vor und betrachten eine Ebene nach der anderen. Es ist übrigens nicht nötig, den Anspruch zu haben, das Eisbergmodell in jeder schwierigen Situation anzuwenden. Das braucht Übung, die besonders am Anfang sicher nur in entspannten Momenten und rückwirkend stattfinden kann. Je routinierter wir in der Anwendung des Eisbergmodells sind, umso schneller werden wir es irgendwann auch einsetzen können, wenn eine Situation sehr konfliktreich ist oder gerade eskaliert. Dieser neue Modus ersetzt irgendwann unsere alten, weniger hilfreichen Handlungsmuster, wodurch die friedvolle und achtsame Begleitung des Kindes mit der Zeit wie automatisch passieren und sich dadurch auch immer leichter anfühlen wird. Für den Anfang reicht es völlig aus, das Modell im Nachgang zur Reflexion von Ereignissen zu nutzen, die nicht so gelaufen sind, wie wir es uns wünschen würden. Genau aus solchen Situationen lernen wir! Du kannst während des Lesens immer wieder an deine ganz individuellen und konkreten Alltagssituationen denken, die dich in der Begleitung deines Kindes herausfordern. Damit übst du deinen neuen Blick ein. Vielleicht stoßt ihr wie in der Beispielgeschichte auch immer wieder auf Konflikte beim Anziehen oder Wickeln?

Wir beginnen im Modell ganz oben, beim kindlichen **Verhalten**. Wir beobachten achtsam und beschreiben es möglichst wertfrei. Allein dieser erste Schritt ist für viele von uns schon sehr herausfordernd, da wir im Alltag gewohnt sind, Dinge schnell zu bewerten. Das macht häufig auch Sinn und entlastet uns bei den vielen Ent-

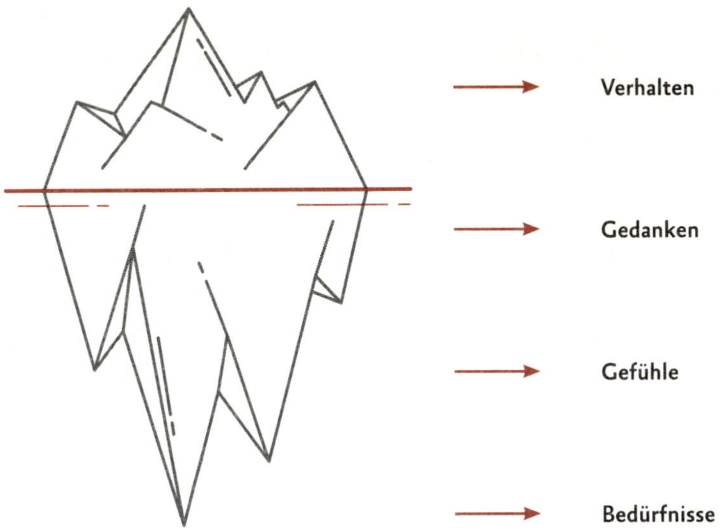

scheidungen des täglichen Lebens, da wir nicht lange nachdenken müssen, um den nächsten Schritt zu machen. Leider schränken wir über derart schnelle Reaktionen unseren Handlungsspielraum drastisch ein und laufen immer wieder auf den gewohnten und nicht immer hilfreichen Pfaden.

Da wir unseren Blickwinkel weiten wollen, gehen wir einen Schritt zurück von dieser Blitz-Bewertung und nehmen eine neugierige, beobachtende Haltung ein. Am Beispiel der Situation am Bahnhof können wir sehen, dass das Kind schwitzt und die Mütze auszieht. Wir wollen das nicht. Unser alter Weg wäre: Unser bewertender Blick scannt die Situation, erkennt die Gefahr einer möglichen Erkältung und setzt dem Kind die Mütze wieder auf. Stattdessen gilt es aber jetzt für uns, einen anderen gedanklichen Weg zu nehmen als sonst. Wir machen deshalb nicht sofort irgendetwas, sondern bleiben bei der wertfreien Beschreibung der Situation. Beim Wickeln wäre das, dass das Kind sich abwendet, wegschaut, den Rücken durchdrückt oder weint. Auch in der Interaktion mit den Großeltern ist zu sehen, dass das Kind sich wegdreht, vielleicht anfängt zu weinen oder sich verstecken möchte. Natürlich haben wir sofort Ideen, was das bedeuten könnte, und dennoch heißt es auch hier: Tempo raus.

Als Nächstes begeben wir uns einen Schritt weiter auf die Ebene der **Gedanken**. Versuchen wir, uns vorzustellen, was gerade im Kind vorgeht. Wir werden nicht hundertprozentig sicher sein können, ob wir mit unserer Annahme richtig liegen oder nicht. Das braucht es aber auch nicht. Es geht darum, dass wir Stück für Stück lernen, unser Kind immer besser zu lesen. Das schaffen wir genau dann, wenn wir Annahmen zu Gedanken, Gefühlen und Bedürfnissen formulieren und auf deren Basis handeln. Am Ende werden wir immer eine Reaktion des Kindes erhalten, aus der wir erneut Schlüsse ziehen können.

Wir bleiben dabei möglichst kleinschrittig. Versetzen wir uns einmal in die Gedanken des Kindes am Bahnhof. Es könnte denken, dass es zu warm ist und eine gute Idee wäre, die Mütze auszuziehen, um etwas abzukühlen. Es lebt ganz im Hier und Jetzt und macht sich keine Gedanken über mögliche Konsequenzen oder Risiken. Wenn wir ihm jetzt unmittelbar den Auftrag erteilen, die Mütze sofort wieder anzuziehen, wird es an seinen eigenen Gedanken festhalten: Ich will die Mütze nicht anziehen. Genauso wird das Kind, das gerade vom Spaziergang reingekommen ist und sich denkt: »Mir ist kalt«, keinerlei Sinn darin sehen, sich ausziehen zu lassen.

Auch an dieser Stelle widerstehen wir wieder dem Impuls, mit weiterführenden Gedanken mitzugehen, konzentrieren uns auf das Kind und im nächsten Schritt auf mögliche **Gefühle**, die es hat. Ein Kind im Grundschulalter wird vielleicht die grundlegende Entwicklung von emotionalen Kompetenzen wie der Wahrnehmung, Benennung und dem regulierten Ausdruck von Gefühlen weitestgehend abgeschlossen haben. Doch tatsächlich entwickeln wir uns im Umgang mit unseren Gefühlen ein Leben lang weiter. Ähnlich wie beim Körper ist das grundlegende Wachstum zwar irgendwann abgeschlossen, doch Veränderungen finden ein Leben lang statt. Gerade deswegen müssen wir Erwachsenen flexibel und neugierig bleiben, wenn wir überlegen, welche Gefühle unser Kind gerade haben könnte. Gestern hat das Kind womöglich ohne Widerstand die Mütze wieder aufgesetzt, heute empfindet es in der Situation aber Wut, Ärger und Trotz. Das Kind, das sich ohnehin schon oft unwohl in der Wickelsituation fühlt, hat vielleicht Angst davor, zu frieren oder unsanft berührt zu werden. Viele von uns sind noch davon geprägt, dass kindliche Gefühle wenig wertgeschätzt werden. Wir können deshalb schnell hart im Herzen werden, wenn wir versuchen, die Gefühle unserer Kinder zu erkennen. Dann bewerten wir diese Gefühle oder bagatellisieren sie sogar mit Aussagen wie »Aber es ist doch gar nicht kalt« oder »Stell dich nicht so an«. Damit landen wir sofort wieder in der Sackgasse des Machtkampfes. Also verwerfen wir diese Gedanken lieber wieder und gehen davon aus, dass alles denkbar ist.

Der Einfachheit halber können wir uns auch auf die Basisemotionen konzentrieren. Dazu zählen Ärger und Wut, Angst, Ekel, Verachtung, Trauer, Überraschung und Freude. Ein Kind kann nur lernen, Gefühle zu erkennen und zu benennen, wenn es sich mit einer Bezugsperson darüber austauschen kann. Das Kind weiß aus sich selbst heraus nicht, wie das Gefühl, das es gerade wahrnimmt, heißt und wie es damit umgehen kann. Genauso wie es aus sich heraus nicht weiß, dass ein Baustein ein Baustein ist, und erst durch Experimentieren herausfindet, was es damit machen kann. Erst nach und nach lernt es, die verschiedenen Gefühle voneinander zu unterscheiden. Es wird immer wieder Momente geben, in denen du die Gefühle deines Kindes nicht entsprechend seinem Erleben interpretierst, sondern ein anderes Gefühl vermutest. Das ist okay und gehört ebenfalls dazu, wenn du lernst, dein Kind immer besser zu lesen. Wenden wir das Eisbergmodell an, ist deshalb wichtig, uns bewusst zu machen, dass wir lediglich Ideen und Vermutungen entwickeln können, welche Gefühle unser Kind gerade erlebt. Wir sollten uns davon verabschieden, dass wir alles wissen und dass alles, was wir denken und sagen, richtig ist. Gleichzeitig können wir mit unseren Annahmen weiterarbeiten und von den Gefühlen, die wir glauben zu erkennen, auf die nächste Ebene, nämlich die darunterliegenden Bedürfnisse, schließen.

Wir haben uns zum Einstieg in das Buch bereits einen grundsätzlichen Überblick über mögliche **Bedürfnisse** verschafft. Übertragen wir diese Bedürfnisse auf die drei beispielhaften Situationen aus den Geschichten am Kapitelanfang. Das Kind, das die Mütze verweigert, könnte eine Erklärung brauchen, wieso du es wichtig findest, dass es die Mütze aufbehält. Bestenfalls geschieht das auf liebevolle und feinfühlige Art und Weise und trägt damit zu einer beständigen und liebevollen Beziehung zwischen euch bei. Auf der anderen Seite empfindet das Kind sicherlich auch das Bedürfnis nach Abkühlung, also körperlicher Unversehrtheit und Sicherheit. Ähnlich wie das Kind in der Wickelsituation, das sich wiederum erst aufwärmen möchte. Vielleicht will es auch direkt spielen und damit dem oben beschriebenen Grundbedürfnis nach entwicklungsgerechten Erfahrungen nachgehen. Beim Abschied von den Großeltern liegt die Vermutung nahe, dass das Kind hier das Bedürfnis einer körperlichen Grenze hat.

Kinder gehen niemals mutwillig in den Widerstand, sondern immer aus einem Bedürfnis heraus. Damit haben sie eine unglaubliche Ressource, die vielen von uns abtrainiert wurde: Sie nehmen sich selbst wichtig und achten ihre Bedürfnisse. Der Konflikt entsteht in dem Moment, in dem entgegengesetzte Bedürfnisse aufeinanderprallen und wir diesen Zusammenstoß nicht abfangen oder begleiten.

Wie viele von uns Erwachsenen mussten als Kinder Mützen tragen, obwohl uns zu warm war? Wie viele von uns wurden gewickelt, auch wenn wir uns mit Händen und Füßen dagegen gewehrt haben? Wie viele von uns mussten Oma und Opa ein Küsschen geben, ungeachtet dessen, dass wir das gar nicht wollten?

Wir sind stark geprägt von den Verhaltens- und Beziehungsmustern, die wir selbst als Kinder erlebt und beobachtet haben. Es kann sein, dass wir diese Muster unbewusst fortführen, sie also reproduzieren. Dann zwingen wir unsere Kinder zu Dingen, gegen die wir uns selbst einmal gewehrt haben. Wir sagen Sätze zu unseren Kindern, die auch aus dem Mund unserer eigenen Eltern stammen könnten und über die wir uns in unserer eigenen Kindheit selbst geärgert haben. Mittlerweile sind wir erwachsen und erinnern uns vielleicht nicht mehr so genau daran – oder auch im Gegenteil, vielleicht sind uns diese Erfahrungen noch sehr bewusst und präsent und wir versuchen, mit allen Mitteln gegenzusteuern. Wenn die eigene Mutter traurig war, weil wir ihre Erwartungen nicht erfüllt haben, kann es sein, dass auch wir als Erwachsene noch einen starken Leistungsdruck empfinden oder überhaupt nichts mehr leisten wollen. Wenn der eigene Vater viel abwesend war und wir uns für unsere jüngeren Geschwister verantwortlich gefühlt haben, kann es auch uns als Erwachsenen noch schwerfallen, vertrauensvoll die Kontrolle abzugeben und uns bei anderen fallen zu lassen. Möglicherweise stoßen wir jegliche Kontrolle und Verantwortung von uns ab. Wenn wir im Elternhaus wenig Nähe und Verbundenheit erleben durften, kann es gut sein, dass wir diese fehlende bedingungslose Liebe bei Kindern suchen, sei es den eigenen oder solchen, die wir als pädagogische Fachkräfte oder anderweitig begleiten.

Manchmal verwechseln wir die Tatsache, dass Kinder uns auf allen Ebenen ausgeliefert sind und deswegen alles dafür tun werden, um uns nah zu sein, mit der gebenden und fürsorglichen bedingungslosen Liebe eines Elternteils für sein Kind. Das sind aber verschiedene Rollen. Die Haltung macht hier den Unterschied: Sind wir uns der Abhängigkeit unserer Kinder bewusst und erleben ihre Nähe und

Liebe als wertvolle Geschenke, oder brauchen und erwarten wir Liebesbeweise von ihnen, um uns wertvoll und gebraucht zu fühlen? Kinder sollten niemals unsere Stütze sein, sondern immer sind wir die Stütze der Kinder. Alles andere wäre viel zu viel Verantwortung und für ein Kind absolut überfordernd.

Und was ist mit uns?

Das Eisbergmodell können wir nicht nur auf unsere Kinder anwenden, sondern auch auf andere Erwachsene und nicht zuletzt auf uns selbst. Dabei zeigt sich aber ein großer Unterschied: Während wir bei Kindern davon ausgehen können, dass Bedürfnisse in der Regel im Hier und Jetzt entstehen, tragen wir Erwachsenen womöglich schon über Jahre und Jahrzehnte unerfüllte Bedürfnisse mit uns herum. An diesen Mangel werden wir in verschiedensten Situationen des Alltags immer wieder erinnert, weswegen der Blick auf deinen eigenen Eisberg genauso wichtig ist wie die Beschäftigung mit den Gedanken, Gefühlen und Bedürfnissen deines Kindes.

Nehmen wir die Mützensituation. Womöglich ist der ganze Morgen schon stressig verlaufen. Dein Kind hat beim Frühstücken getrödelt, und als der Tisch abgeräumt war, wollte es doch noch mehr essen. Du musst dich schnell entscheiden, ob du dem nachgibst und noch einen Apfel aufschneidest oder ob du riskierst, dass dein Kind in Tränen ausbricht und völlig in den Widerstand geht. Du entscheidest dich für den Apfel, immer wieder mit leicht panischem Blick auf die Uhr, die morgens doppelt so schnell zu laufen scheint wie abends, wenn dein Kind einschlafen soll. In dem Moment, in dem du den Apfel auf den Tisch stellst, hat dein Kind dann doch keinen Hunger mehr. Eigentlich ärgert dich das maßlos und eigentlich hast du auch kein Verständnis dafür, wie man binnen Sekunden seine

Meinung ändern kann. Doch der Moment gibt weder eine achtsame Wahrnehmung deiner Gefühle, geschweige denn eine Analyse oder Auflösung der Situation her. Also schluckst du.

Weiter geht es in Richtung Bad, wo dein Kind das Zähneputzen boykottiert. Vielleicht hast du dich schon ein bisschen damit auseinandergesetzt, wie du friedvoll und bedürfnisorientiert mit Widerständen umgehen kannst. Deswegen hast du ein Zahnputzkörbchen mit unterschiedlichen Zahnbürsten und Zahnpasta zur Auswahl. Außerdem hast du ein Repertoire an Zahnputz-Spielen und Liedern gesammelt, mit denen du deinem Kind mehr Selbstwirksamkeit und Freude an der Situation ermöglichen möchtest. Doch der Mund bleibt fest verschlossen, die Fronten zwischen euch verhärten sich.

Währenddessen steigt dein eigener Stresspegel kontinuierlich, du denkst nicht nur an das dreißigminütige Bringfenster vom Kindergarten, das sich bald schließt, die abschätzigen Blicke der Erzieher:innen, wenn dein Kind erst nach dem Morgenkreis erscheint, sondern auch an deinen eigenen Termin, vor dem du vielleicht wenigstens noch einen Kaffee trinken möchtest, wenn du schon nicht zum Frühstücken kommst. Okay, auf eins der Spiele lässt sich dein Kind zum Glück doch irgendwann ein, nachdem du mit Engelszungen auf es eingeredet hast. Ein kurzer Moment des Flows entsteht, und das Anziehen des Kindes gelingt ohne weitere Zwischenfälle. Ein wenig Hoffnung keimt auf, doch noch die Bahn zu erwischen, also motivierst du dein Kind zu einem Wettrennen, worauf es auch große Lust hat. Vergeblich, die Türen schließen sich direkt vor deiner Nase. Und dann kommt es, wie es kommen musste: Dein Ärger braucht irgendein Ventil. Deine eigene Selbstwirksamkeit ist am Ende und das, obwohl der Tag erst noch vor dir liegt. Also läuft die Situation wie im Autopiloten weiter, und du bestehst darauf, dass dein Kind die Mütze anbehält, obwohl du selbst deine Jacke aufmachst, um etwas abzukühlen.

Für dich geht es in Wirklichkeit gar nicht nur um die Mütze. Du denkst vermutlich: »Wieso muss es immer so schwer sein? Wieso kann mein Kind nicht einfach einmal mitmachen? Wie soll ich das alles schaffen? Das Kind darf auf keinen Fall krank werden, sonst bricht unsere ganze Struktur in sich zusammen.«

Deine Aussagen geben uns schon einige Hinweise auf Gefühle, die sich dahinter verbergen können. Da ist zum einen im Hier und Jetzt die große Angst, das fragile Konstrukt aus Arbeitszeiten, außerfamiliärer Betreuung und Absprachen zwischen dir und deine:r Partner:in in sich zusammenbrechen zu sehen. Wenn das passiert, könntest du dich noch unzulänglicher fühlen, als du es auch so schon manchmal tust. Vielleicht hast du auch Angst davor, was deine Eltern, Nachbar:innen oder Vorgesetzten über dich denken könnten, wenn du nicht allen Erwartungen deines Alltags gerecht wirst. Du fühlst dich hilflos in Momenten wie der Mützen- oder Wickelsituation, in denen dein Kind nicht mitmacht, und weißt nicht weiter. Du wirst auch wütend darüber, dass du es den Großeltern immer recht machen willst, damit sie bloß weiter Betreuungsengpässe auffangen und keine schlechte Stimmung herrscht.

Welche Bedürfnisse offenbaren sich auf dieser untersten Ebene des Eisbergs? Ein Bedürfnis könnten Grenzen sein, die du besser achtest und verteidigst, sowohl bei dir selbst als auch bei deinem Kind. Ein weiteres Bedürfnis könnten liebevolle Beziehungen in Form von einem erweiterten Unterstützungsnetzwerk sein, auf das du in Zeiten, in denen nicht alles glatt läuft, zurückgreifen kannst. Auch das Bedürfnis nach Sicherheit im Umgang mit Konfliktsituationen oder eine stärkende Struktur am Morgen sowie ein Plan, wie du dein Kind dort zielsicher durchlotst, ist naheliegend.

Sicherlich bist du jetzt versucht, direkt in die Lösungsfindung einzusteigen. Vielleicht hast du auch schon Ideen für deine individuelle Situation, wie du es dir dank der Erkenntnisse aus dem Eisbergmodell etwas leichter im Alltag machen kannst. Beachte hierfür: Je klarer du innerlich in deiner Entscheidung und Haltung bist, umso leichter wird es dir fallen, Halt in dir selbst zu finden und dem Kind gegenüber klar zu sein. Angenommen, du hast für dich festgelegt, dass die körperliche Integrität deines Kindes für dich Priorität hat. Diese Entscheidung bahnt dir den Weg zu einer ruhigen Reaktion, wenn Großeltern empört auf ihrem Abschiedskuss bestehen. Mit dieser Haltung kannst du die ganze Zeit an der Seite des Kindes bleiben. Andererseits könnte auch sein, dass du am Bahnhof feststellst, dass du selbst deine Jacke aufmachst, weil du ins Schwitzen gekommen bist. Du könntest darüber unsicher werden, ob die Regel für das Kind, die Mütze aufzulassen, wirklich ihre Berechtigung und ihren Sinn hat. Können wir vor uns selbst und vor dem Kind mit gutem Gewissen begründen, warum eine Regel für das Kind, nicht aber für uns gilt? Hier darf jeder Elternteil ganz individuell für sich selbst hinschauen und immer wieder hinterfragen. Von außen lässt sich niemals beurteilen, was in solchen Momenten richtig für eine Familie ist und was nicht. Deswegen sind wir selbst dafür verantwortlich, Entscheidungen zu treffen und dabei alle möglichen Aspekte und Auswirkungen in unsere Abwägung einzubeziehen. Als Orientierung können dir dabei die Werte helfen, die du für deine Familie definierst, und dass ihr euch mit den Bedürfnissen der einzelnen Familienmitglieder auseinandersetzt.

Wenn du gerade am Beginn deines Perspektivwechsels stehst, können dir folgende Fragen helfen, um nicht gleich in dein altes Reaktionsmuster zu geraten.

Den Autopiloten abschalten: Vier Leitfragen für herausfordernde Situationen

Muss das sein?

Hinterfrage, ob der Wunsch oder die Bitte an dein Kind gerade wirklich notwendig ist. Kinder wollen grundsätzlich eine starke Bindung zu uns, sie möchten uns deshalb vertrauensvoll folgen und sich auf uns verlassen können. Wir können und sollen Kinder nicht vor allen Frustrationen bewahren, sonst haben sie keine Gelegenheit, sich im Aushalten und Anpassen zu üben. Doch wenn wir auf Widerstand stoßen und feststellen, dass uns die Angelegenheit eigentlich nicht wichtig ist, dürfen wir zurückrudern und einen neuen Weg einschlagen. Dabei ist es wichtig, dass wir klar definierte Werte für uns und unsere Familie haben. Kinder brauchen vorhersehbares Verhalten von uns Erwachsenen, das ihnen Orientierung und Sicherheit ermöglicht. Manchmal ist es dann nötig, sie mit Vergeblichkeiten zu konfrontieren, und manchmal ist es wichtig, selbst umzudenken.

Muss das *jetzt* sein?

Hilfreich ist, zu schauen, was das Kind gerade macht, wenn wir es um Kooperation bitten. Muss es einen Flow-Moment unterbrechen, um mitzumachen, oder hat es gerade ein unerfülltes Bedürfnis? Dann kann es sich überfordernd und unmöglich anfühlen, etwas anderes zu machen. Spielt es wirklich eine Rolle, ob das Kind jetzt sofort oder erst in fünf Minuten aufräumt? Oder macht es vielleicht sogar noch mehr Sinn, das hungrige Kind erst zu Abend essen zu lassen und dann, mit neuer Kraft, aufräumen zu lassen? So viele Eskalationen könnten verhindert werden, wenn Erwachsene die Situation nicht enger machen würden, indem sie das Kind immer wieder drängen und auffordern, sondern einfach für ein paar Minuten in Ruhe lassen, damit es sich auf den Situationswechsel vorbereiten kann. Dann lassen sich Kinder auch viel leichter motivieren oder brauchen erst gar keine erneute Aufforderung.

Muss das so laufen?

Das Motto »Erst die Arbeit, dann das Vergnügen« dürfte in vielen von uns noch sehr stark wirken. Wie viel leichter könnten manche Situationen ablaufen, wenn wir diesen im Grunde beliebigen Satz einfach verwerfen würden? Wenn wir mal einen Moment länger darüber nachdenken, dürfen wir uns viel mehr Freiheit in Abläufen erlauben. Damit meine ich nicht, sinnvolle und etablierte Rituale wie die Bettgeh-Routine abzuschaffen. Doch wenn wir beim Aufbrechen krampfhaft darauf bestehen, dass zuerst die Schuhe angezogen und dann der Kita-Rucksack aufgesetzt wird, verbrauchen wir beim Kind unverhältnismäßig viel Kooperationsenergie und auch eigene Kraft- und Geduldressourcen. Wohingegen es absolut sinnvoll sein kann, zuerst die Zähne zu putzen und dann die Kleidung anzuziehen, da sonst womöglich das frische T-Shirt mit Zahnpasta bekleckert wird. Auch hier dienen uns Werte und Bedürfnisse wieder als Orientierung. Wenn es für Kind und Elternteil auch okay ist, mit Zahnpasta auf dem T-Shirt loszugehen, warum sollte das Kind sich dann nicht schon einmal selbst anziehen und erst kurz vor dem Gehen die Zähne putzen? Oder die Schuhe mit dem Rucksack auf dem Rücken anzuziehen? Wenn wir einen Schritt zurücktreten, werden wir feststellen, dass es immer wieder Situationen gibt, in denen es gefühlt ganz eng wird, weil Dinge vermeintlich jetzt sofort oder auf eine bestimmte Weise passieren müssen. Wenn wir loslassen, was wir glaubten, wie es sein müsste, können wir uns darüber neue Handlungsspielräume erschließen.

Gibt es einen spielerischen Weg?

Spiel und Leichtigkeit sind das sprichwörtliche Ass im Ärmel eines jeden Erwachsenen. Wir können Aufräumen zu einem Suchspiel nach allen roten Gegenständen im Raum machen, Zähneputzen mit einer Karius-und-Baktus-Jagd begleiten oder beim Anziehen die Zeit stoppen. Zwei Aspekte sind hierbei jedoch sehr wichtig: Wenn es darum geht, Grenzen zu setzen, macht es mehr Sinn, klar zu bleiben und nicht zu albern zu werden. Für das Kind können die Grenzen zwischen Spaß und Ernst verschwimmen und die Stimmung leicht kippen. Somit ist die Grundvoraussetzung für spielerische Wege der innere Halt. Wer sich zu kindlich verhält, droht leicht aus der elterlichen Rolle zu fallen. Passt der spielerische Weg für das Kind nämlich nicht, gilt es, das respektvoll zu akzeptieren und ernst zu nehmen und keinesfalls beleidigt oder abweisend zu reagieren. Auch ist wichtig, sich selbst mit dem spielerischen Weg wohlzufühlen, dabei authentisch zu bleiben und sich nicht krampfhaft zu verbiegen.

Bedürfnisse achten

Die Voraussetzung für Verständnis ist Wissen. Nur wenn wir verstehen, können wir Verständnis haben. Und nur wenn wir Verständnis haben, können wir Empathie empfinden. Empathie ist eine Schlüsselfertigkeit, um Kinder feinfühlig zu begleiten. Viel zu selten durfte die heutige Elterngeneration echte Empathie erlernen. Vielmehr wurden wir darauf konditioniert, im Außen zu erspüren, welches Verhalten gerade von uns erwartet wird. Genau wie das Kind auf dem Wickeltisch, das seine körperliche Integrität wahren möchte, jedoch zum Mitmachen gezwungen wird. Es lernt dabei nicht, sich auf nachhaltige Weise anzupassen, sondern es erlebt einen Vertrauensbruch zwischen sich und der Bezugsperson. Es erlebt, dass es sinnvoller ist, den eigenen Widerstand und das eigene Nein zu übergehen. All das geschieht in einer Art Pendelbewegung zwischen den beiden grundlegenden Bedürfnissen, die wir Menschen haben: Autonomie und Sicherheit. Da Kinder zahlreiche Fähigkeiten erst erwerben müssen und auf Versorgung und Hilfe angewiesen sind, werden sie sich im Zweifel immer für die Sicherheit entscheiden, um so ihr Überleben zu gewährleisten. Kinder sind in Raum und Zeit nicht so orientiert wie wir Erwachsenen. Sie haben nicht wie wir den Tagesablauf im Kopf und die Zeit im Blick. Wenn das Kind auf dem Spielplatz also nicht nach Hause gehen will und du ihm damit drohst, dass du allein gehst, wird es einen Loyalitätskonflikt zwischen dem eigenen Bedürfnis nach Spiel und Bewegung und dem Bedürfnis nach einer stabilen Bindung zu dir und Sicherheit erleben. Vielleicht fühlt es sich auf dem bekannten Spielplatz für eine Weile sicher genug und beschließt zu bleiben, weil sein Drang zu spielen, zu forschen und zu entdecken so groß ist. Doch wenn es irgendwann feststellt, dass du tatsächlich gegangen bist, wird es vielleicht verinnerlichen, dass es nicht richtig ist, auf seine eigenen Bedürfnisse zu hören, sondern dass es, egal zu welchem Preis, immer folgen sollte.

Der Preis, den Kinder dafür zahlen, ist hoch, denn diese Lernerfahrungen prägen unser ganzes weiteres Leben. Viele Eltern und pädagogische Fachkräfte, mit denen ich arbeite, stellen irgendwann fest, dass sie im Muster des *people pleasing* gefangen sind, also dem Antrieb, es vor allem den anderen immer recht zu machen. Sie missachten eigene Bedürfnisse und übergehen die eigenen Grenzen. Auf Dauer macht das unzufrieden und frustriert. Ersparen wir unseren Kindern diese Last und entdecken lieber mit ihnen gemeinsam, wie sie sich selbst achten und gleichzeitig die Grenzen und Bedürfnisse anderer respektieren können. Wie können wir den Weg dafür ebnen, dass unsere Kinder mit mehr Fähigkeiten ausgestattet sind, um ein Miteinander zu gestalten, in dem jedes Individuum Raum hat und gleichzeitig Gemeinschaft und Miteinander gelebt werden können? Ein Ansatz könnte sein, dem kindlichen Widerstand auf neue Art und Weise zu begegnen und Kinder anders als bisher zur Kooperation zu bewegen, wenn es unausweichlich ist.

Wir mussten zum Bahnhof rennen, damit wir noch rechtzeitig die Bahn erwischen. Aber wir sind zu spät dran und verpassen sie. Ich schwitze und ziehe meine Mütze aus. Du schaust besorgt zu mir. Du denkst dir: »Das Kind war doch eben erst krank!« Du sagst: »Achte darauf, dass deine Ohren nicht zu kalt werden. Ich habe Sorge, dass du sonst krank wirst.« Ich lasse die Mütze noch ein wenig ab, und als ich etwas abgekühlt bin, stelle ich fest, dass es doch frisch ist. Also ziehe ich die Mütze wieder an.

Wir kommen von draußen rein. Ich bin ganz durchgefroren von einem langen Spaziergang, und meine Windel ist voll. Du hilfst mir aus der Jacke und sagst: »Deine Windel ist voll. Die müssen wir bald wechseln. Sonst wird dein Po vielleicht wund.« Mir ist noch kalt, ich möchte mich erst ein bisschen aufwärmen und schüttele den Kopf. »Ich erinnere dich gleich noch mal. Hast du Durst?« Ich trinke etwas, hole dann ein Buch und stelle fest, dass die Windel doch schon ziemlich schwer zwischen den Beinen ist. Ich bleibe stehen und versuche, sie hochzuziehen. »Komm, du kriegst eine frische Windel.« Mittlerweile ist mir auch nicht mehr so kalt, und so gehe ich mit dir mit, strecke die Arme hoch und lasse mich von dir auf den Wickeltisch heben. Du erzählst mir, was du nacheinander machst und bist ganz erschrocken, als du meine kalten Beine fühlst. »Die muss ich wohl erst einmal aufwärmen!«, sagst du, während du mir die Beine warm streichelst, bis ich kichern muss.

Oma und Opa sind zu Besuch. Ich spiele gern mit ihnen,

und wir haben viel Spaß. Beim Verabschieden fragt Oma: »Darf ich dir noch ein Küsschen geben?« Ich bin müde, auf deinem Arm und schüttele den Kopf. »Hast du vielleicht Lust, Oma und Opa zum Abschied zu winken?«, schlägst du vor. Ich verstecke mich schüchtern an deinem Hals, als Oma näherkommt, um mich zu küssen. Entschlossen gehst du an Oma vorbei, öffnest die Tür und sagst: »Schön, dass ihr hier wart! Wir können uns ja auch ohne Kuss verabschieden. Bis bald!«

Als Jugendliche weiß ich nicht nur, dass mein Nein eine Bedeutung hat, sondern habe auch genug Vertrauen und Halt in mir selbst, dafür einzustehen. Und als mein Freund mir näherkommen will, als sich für mich gut anfühlt, stoppe ich ihn selbstbewusst.

In dem Moment, in dem du mein Nein achtest, lässt du mir nicht alles durchgehen. Du stärkst mich in meiner Selbstbestimmung, meinem Selbstbewusstsein und meinem Körpergefühl.

Bedürfnisse, Hintergründe und Auswirkungen abzuwägen, ist zentraler Bestandteil einer starken elterlichen Führungsrolle, ebenso wie der eigene innere Halt. Wie können wir diese starke elterliche Führungsrolle gut ausführen? Und woran können wir erkennen, ob wir uns auf dem richtigen Weg befinden – oder eher in eine Sackgasse geraten sind?

IST DOCH NICHT SO SCHLIMM!

Wie Glaubenssätze die elterliche Führungsrolle beeinträchtigen

Du holst mich von der Kita ab, und wir fahren direkt weiter in den Einkaufsladen. Ich möchte unbedingt den kleinen Wagen schieben, aber du sagst: »Das dauert jetzt zu lange, wir brauchen doch nur ein paar Kleinigkeiten für das Abendessen. Komm, setz dich einfach in den großen Wagen.« Ich entdecke das kleine lustige Obst mit der haarigen Haut und zeige darauf. Du bist abwesend, siehst gar nicht richtig hin. Ich fange an zu quietschen, weil du an dem Obst vorbeizufahren drohst. Du weist mich zurecht, dass ich im Laden nicht so laut sein soll. Ich fange an zu weinen, wir haben keine Kiwis eingepackt. Ich weine weiter, du rollst mit den Augen und sagst mir, dass es doch jetzt gar keinen Grund gibt zu weinen. An der Kasse deute ich fragend auf ein Pixi-Buch. Du greifst in die Bücher, ziehst wahllos eines heraus und hältst es mir hin. Die Bilder darauf gefallen mir überhaupt nicht, und aus meinem Weinen wird ein richtiger Wutausbruch. Ich schreie und werfe mich in dem Wagen hin und her. Hektisch bugsierst du uns durch die Kasse, sammelst unsere Einkäufe zusammen und verlässt mit mir, während ich weiterhin schreie und tobe, den Laden. Auf dem Parkplatz hältst du mir das Pixi-Buch hin und sagst: »Hier ist doch, was du wolltest! Ein Pixi-Buch! Was ist jetzt noch das Problem?« Ich antworte dir nicht, und du setzt mich schweigend ins Auto. Auch auf der Heimfahrt weine ich, woraufhin du immer wieder sagst: »Es ist doch jetzt nicht so schlimm! Du hast keinen Grund zu weinen! Beruhige dich jetzt endlich mal!« Als wir zuhause angekommen sind, will ich nicht einmal mehr laufen und lege mich einfach auf den Boden. Du hast den Kita-Rucksack, deine Arbeitstasche und die Einkäufe zu tragen und lässt mich liegen mit den Worten: »Ich kann dir jetzt leider auch nicht weiterhelfen, wenn du dich so aufführst!« Nach einer weiteren Totaleskalation, an deren Ende du doch zurückkommst und mich wütend schimpfend ins Haus trägst, bin ich am Abend vollkommen erschöpft. Ich möchte, dass du zum Einschlafen bei mir bleibst. Doch du sagst: »Du hast heute allein ein Riesentheater veranstaltet, dann wirst du es jetzt auch schaffen, allein einzuschlafen.«

Als Eltern sollten wir eine Führungsrolle gegenüber unseren Kindern ausfüllen. Dazu gehört, dass wir unser Kind möglichst ruhig und liebevoll durch herausfordernde Situationen navigieren. Beobachten wir unser Verhalten genau, können wir allerdings Glaubenssätze über Erziehung aufspüren, die dieser Begleitung im Weg stehen, wie »Das ist doch nicht so schlimm« oder »Hab dich nicht so«. Diese Glaubenssätze können unsere Reaktion leiten und nehmen uns den inneren Halt für eine zugewandte Führungsrolle. Wenn wir unser eigenes Verhalten beobachten und hinterfragen, können wir diese hartnäckigen Glaubenssätze aufspüren. Das Eisbergmodell aus dem vorangegangenen Kapitel, mit dem wir geübt haben, Bedürfnisse und Gefühle zu ergründen, kann uns bei dieser besonderen Herausforderung helfen, um die Dynamiken zwischen uns und unserem Kind besser zu verstehen. Bevor wir unsere eigenen Gefühle validieren, schauen wir wieder erst auf das Kind.

Was haben wir vom Tag des Kindes nicht gesehen?

Du holst das Kind nach einem anstrengenden und langen Tag aus der Kita ab. Viele Kinder profitieren sehr davon, gemeinsam mit anderen Kindern zu spielen und die pädagogischen Angebote in der Betreuung zu nutzen. Gleichzeitig kostet ein Kita-Tag das Kind auch sehr viel Kraft: Es muss unglaublich viele Reize verarbeiten, sich an die verschiedensten Menschen und Situationen anpassen, Regeln einhalten, Bedürfnisse hintanstellen oder Frustrationen aushalten. Wird es dann abgeholt und soll sich in der Garderobe anziehen, fällt von ihm oft die Last des Tages ab. Dann ist es schon zu viel verlangt, sich selbst Jacke und Schuhe anzuziehen. Die Gedanken des Kindes sind in diesem Moment geprägt von der Erleichterung, wieder den sicheren Hafen der primären Bezugsperson erreicht zu haben und sich dort fallen lassen zu können. Manche Kinder haben bis eben noch fröhlich in der Gruppe gespielt, und in dem Moment, in dem sie abgeholt werden, fangen sie an zu weinen. Damit zeigen sie ihr Gefühl von Erschöpfung, womöglich die Sehnsucht nach dem Elternteil über den Tag und auch die Dankbarkeit, dass MaPa jetzt wieder da ist. Das zentrale Bedürfnis ist dann unsere liebevolle Zuwendung und ungeteilte Aufmerksamkeit. Der Kooperationstank, also die Fähigkeit des Kindes, eigene Bedürfnisse aufzuschieben oder Frustrationen auszuhalten, muss erst wieder gefüllt werden, indem der Bindungstank, also das Erleben von Zuneigung, Bedürfniserfüllung und Aufmerksamkeit, ebenfalls gefüllt wird.

Der erste Stolperstein in der Einkaufssituation ist der nahtlose Übergang von einer fordernden Tätigkeit, nämlich dem Kita-Besuch, zur nächsten, dem Einkaufen. Auch hier ist das Kind zahlreichen Reizen ausgesetzt, muss Regeln befolgen und sich anpassen. Einen möglichen Ausweg können uns hier die beiden Leitfragen aus dem ersten Kapitel »Muss das sein?« und »Muss das *jetzt* sein?« bieten.

Vielleicht findet sich ein Weg, wie du nicht jeden Einkauf mit deinem Kind machen musst, sondern Betreuungszeiten oder Termine so anpassen kannst, dass du den Einkauf wenigstens gelegentlich allein machst. Durchaus sinnvoll ist, dass dein Kind dich immer mal wieder begleitet, denn beim Einkaufen kann es einiges lernen. Doch dann braucht es eine möglichst stressfreie und entspannte Atmosphäre, um Lernen überhaupt möglich zu machen. Vielleicht ist es dir aber auch nicht möglich, Zeiten freizuschaufeln, um allein einzukaufen. Dann kann die Leitfrage nach dem Zeitpunkt hilfreich sein. Für dein Kind könnte es sinnvoller sein, nach der Kita zunächst Zeit mit dir zu verbringen und sich ein wenig von den Eindrücken des Tages zu erholen. Anschließend brecht ihr gemeinsam noch einmal auf. Auch die dritte und vierte Leitfrage nach der Art und Weise, wie der Einkauf verläuft, sowie nach dem spielerischen Weg können eine Idee davon entstehen lassen, wie diese schwierige Situation künftig entspannter laufen könnte.

Eine Okay-Haltung entwickeln

Hierfür werfen wir einen Blick auf deinen eigenen Anteil an der Situation. Im beschriebenen Beispiel gibt es mehrere Momente, in denen das Kind völlig übergangen wurde: Als es den kleinen Einkaufswagen schieben, auf die Kiwi hinweisen, das Pixi-Buch selbst aussuchen oder von dir in den Schlaf begleitet werden wollte. Der erste Schritt hin zu einer starken elterlichen Führungsrolle ist das Entdecken eigener Glaubenssätze. Glaubenssätze sind Annahmen, die wir schon früh verinnerlicht haben und die unser ganzes Denken und Handeln prägen. Zunächst bringen wir aus unserer eigenen Kindheit Glaubenssätze über uns selbst mit. Häufig leben wir in einem mehr oder weniger bewussten und auch mehr oder weniger ausgeprägten Gefühl von grundlegendem Mangel an Liebe, Wärme, Geborgenheit und Zugehörigkeit. Da Perfektion unerreichbar ist, werden wir bei unserer Bedürfniserfüllung immer Luft nach oben haben, egal wie belastend oder schön unsere Kindheit war. Hierbei geht es zunächst auch gar nicht darum, Gründe oder Verantwortliche zu suchen, sondern in erster Linie darum zu validieren. Das bedeutet, dass wir in diesem Fall unsere eigene Wahrnehmung ohne Einschränkung akzeptieren, ohne sie negativ oder positiv zu bewerten.

Eine Angewohnheit, die die meisten von uns haben, ist, dass wir sofort in die Lösungsfindung gehen, wenn wir Konflikte entdecken. Häufig haben wir das als Kinder so erlebt und gelernt. Um wirklich auf Augenhöhe mit Kindern interagieren zu können, ist jedoch auch im Umgang mit ihnen wichtig, einen Zwischenschritt zu machen und validierend wahrzunehmen. Wir brauchen die grundlegende Haltung, dass alle Gefühle sein dürfen und okay sind. Das ist eine noch nicht besonders populäre Sicht auf Gefühle, da wir selbst in unserer Kindheit eher dazu erzogen wurden, in »negative« und »positive« Gefühle zu unterteilen. Freude und Dankbarkeit waren allgemeinhin gern gesehene Gefühle, Wut und Traurigkeit hingegen sollten eher unterdrückt werden. Wir können das auch noch heute beobachten, wenn wir aus dem ersten Impuls heraus versuchen, das Weinen von Kindern zu beenden oder Gefühlsausbrüche, bei denen geschrien und um sich geschlagen wird, zu unterbinden. Dieser Umgang mit Gefühlen ist jedoch tückisch. Gefühle haben immer eine Botschaft dabei, die gehört werden möchte. Wut kann uns darauf hinweisen, dass eine persönliche Grenze überschritten wurde oder etwas ungerecht läuft. Scham kann uns auf missachtete Werte hinweisen, beispielsweise wenn wir uns gegenüber unserem Kind im Ton vergriffen und im Nachgang ein schlechtes Gewissen haben. Ein gesunder Umgang mit Gefühlen gelingt, wenn wir diese Botschaften abholen. Das ist über die validierende Wahrnehmung möglich.

Validieren:
Radikale Annahme und Anerkennung der jeweils eigenen oder fremden Wahrnehmung, ohne darüber zu urteilen

Wenn das Kind stürzt und weint, und sei es nur vor Schreck, bestätigen und begleiten wir dies. Das Gegenteil von Validieren ist, dem Kind seine Gefühle abzusprechen, etwa mit Worten wie »Ist doch nicht so schlimm«, »Ist doch nichts passiert« oder »Du hast keinen Grund zu weinen«. Die eigene Vergangenheit zu validieren, bedeutet anzuerkennen, dass unsere Bedürfnisse und Grenzen an manchen oder vielen Stellen missachtet und übergangen wurden. Validieren ist deswegen so wichtig, weil die Gefühle, die diese Erlebnisse ausgelöst haben, ohnehin in uns stecken. Solange wir die auslösenden Erlebnisse oder auch die Gefühle selbst leugnen, ablehnen oder verdrängen, werden sie immer weiter unkontrollierbaren Einfluss auf uns nehmen – ähnlich wie bei einem Luftballon, den wir versuchen, unter Wasser zu drücken, der aber immer wieder auftauchen wird. Die eigenen Gefühle und das eigene Erleben zu validieren, ist eine wichtige Basis für unser eigenes solides Management von Emotionen und einen friedvollen Umgang mit unseren Kindern.

Wie kann das ganz konkret in der Praxis aussehen? Indem wir davon ausgehen, dass jeder einzelnen Verhaltensweise von Kindern und auch unseren eigenen Gedanken Gefühle und Bedürfnisse zugrunde liegen. Jedes Verhalten hat einen guten Grund. Einen guten Grund anzunehmen, ist unter anderem laut der Traumatherapeut:innen Hans-Joachim Görges und Lydia Hantke eine tragende Säule der Traumapädagogik. Doch auch im Familienalltag kann uns diese Haltung von unglaublich großem Nutzen sein. Wir können

Konfliktsituationen, in denen das Kind nicht kooperiert oder wir selbst uns nicht mehr entsprechend unserer Werte verhalten, enorm entzerren, wenn wir ihnen mit einer »Okay-Haltung« gegenüber allen Beteiligten begegnen.

Okay-Haltung:
Tool zur validierenden Wahrnehmung im Alltag

Die Okay-Haltung ist eine Möglichkeit, mit uns selbst und dem Kind in Verbindung zu bleiben, auch wenn Situationen zu entgleiten drohen. Der Fokus richtet sich dabei auf die Wahrnehmung im Hier und Jetzt. Die Lösungsfindung bleibt zunächst völlig außen vor. Auf diese Weise werden gefühlt sehr enge Situationen etwas entzerrt, sodass die Emotionen Raum einnehmen und sich dann wieder beruhigen können. Erst wenn wir den Schritt der Validierung gemacht haben, werden wieder die Kapazitäten im Gehirn freigegeben, die zum logischen Denken und somit zur Findung von sinnvollen Lösungen gebraucht werden.

Die Okay-Haltung kann so aussehen: Okay, denke ich, du möchtest mir beim Obst etwas zeigen. Ich selbst bin gerade damit beschäftigt, Kräuter für das Abendessen auszuwählen. Es fällt dir jetzt schwer zu warten. Du möchtest am liebsten selbst ein Pixi-Buch auswählen. Ich bin gerade gestresst und möchte schnell den Laden verlassen. Deswegen möchte ich dich ungern aus dem Wagen heben, weil ich befürchte, dass es dann noch länger dauert. Okay, du hörst mir nicht zu, weil du schreist. Mir ist unangenehm, wenn du im Laden so laut bist.

Wichtig ist, sich vor Augen zu führen: In dem Moment, in dem das Kind das Pixi-Buch nicht selbst auswählen darf, fühlt sich das für das Kind dramatisch an. Der heutigen Elterngeneration wurden Gefühle häufig abgesprochen, woraus Glaubenssätze entstanden sind, die es wiederum uns erschweren, die Gefühle unserer Kinder zu validieren. Genau das ist jedoch wichtig, wenn wir unseren Kindern ermöglichen wollen, souveräner als wir selbst mit ihren Gefühlen umgehen zu können.

Glaubenssätze erkennen

Es gibt eine ganze Reihe von belastenden und einschränkenden Glaubenssätzen, die auch in einer banalen Situation wie dem täglichen Einkaufen dafür sorgen können, dass wir Schwierigkeiten haben, uns liebevoll und verantwortungsvoll uns selbst und unseren Kindern gegenüber zu verhalten.

Nur, wenn ich angepasst bin, bin ich liebenswert.
Wenn du als Kind Gefühle ausgedrückt und geäußert hast und dafür mit abwertenden Blicken oder Worten bestraft oder weggeschickt wurdest, hast du heute womöglich Schwierigkeiten, die eigenen Gefühle wahrzunehmen und für dich einzustehen. Zu weinen oder wütend zu werden, kann sich bedrohlich anfühlen. Deshalb nimmst du gegenüber Konflikten eher eine vermeidende Haltung ein. Im Einkaufsladen kann es dir wichtiger sein, dass keiner sich vom Geschrei des Kindes an der Kasse gestört fühlt oder einen Kommentar abgibt, als das Eisbergmodell anzuwenden und dein Kind mit seinen Gefühlen aufzufangen. Du willst einfach nur aus der Situation flüchten, in der dein Kind aus der Reihe tanzt und alle Aufmerksamkeit auf sich zieht. Eigentlich könnten dir die anderen Menschen im Laden völlig egal sein, vermutlich wirst du die meisten nie wieder treffen. Doch sie sind dir nicht egal. Dir ist wichtig, dass du möglichst keine Um-

stände machst und dazu gehört eben auch, dass dein Kind sich sehr angepasst und regelkonform verhalten soll.

Ich kann es nicht richtig machen.

Dieser Glaubenssatz entspringt häufig sehr hohen Erwartungen der Eltern oder aber einem wenig vorhersehbaren Verhalten. Wenn deine Eltern in einem Moment sehr liebevoll und zugewandt und im anderen schroff und abweisend waren, hast du dir gemerkt, dass es im Grunde egal ist, was du tust. Wenn du diesen Glaubenssatz in dir trägst, hast du womöglich bei den vier Leitfragen aus dem ersten Kapitel gedacht, dass sie dir ohnehin nichts bringen, weil du auch dein Kind und euren Alltag als unberechenbar erlebst. Du versuchst es ohnehin schon immer richtig zu machen. Deswegen erlaubst du deinem Kind nicht den kleinen Wagen, weil du möchtest, dass ihr schnell zuhause seid und dort entspannt spielen könnt. Du wählst schon das Pixi-Buch für dein Kind aus, von dem du weißt, dass es ihm am besten gefallen wird. Schließlich entscheidest du abends, dass dein Kind allein einschlafen soll, weil du dir selbst auch irgendwann ungestörte Zeit einräumen möchtest. Doch egal wie du es machst, irgendjemand ist immer unzufrieden, und du fühlst dich schuldig.

Ich bin nicht gut so, wie ich bin.

Wenn du als Kind sehr viel negative Rückmeldung für dein Verhalten bekommen hast, häufig geschimpft wurdest und dir die Schuld gegeben wurde, wenn Dinge schiefgelaufen sind, kann es sein, dass dein Selbstbild ebenfalls von Abwertung und Selbstablehnung geprägt ist. Als Kind hattest du jedoch noch nicht den Handlungsspielraum, Dinge »richtig« zu machen. Es hätte in der Verantwortung der elterlichen Bezugspersonen gelegen, dich beim Lernen liebevoll zu begleiten, dir unaufgeregt und authentisch Grenzen aufzuzeigen und mit dir Wege zu erarbeiten, wie du diese einhalten kannst. Du warst als Kind in einer vergeblichen Situation, denn du hattest nicht die Möglichkeit, dich anders zu verhalten. Hinter jedem Verhalten steckt ein unerfülltes Bedürfnis und damit ein guter Grund, denn jedes Verhalten zielt darauf ab, Bedürfnisse zu erfüllen oder wieder in Balance zu bringen. Das wird dir im Rückblick nach dem Einkaufen auch bewusst. Deine innere Stimme schlussfolgert daraus jedoch, dass du eben nicht gut bist, so wie du bist. Stattdessen sollte sie dich aber dazu inspirieren, aus misslungenen Situationen zu lernen und an dein Wachstumspotenzial zu glauben.

Nur, wenn ich leiste, bin ich wertvoll.

Ich kenne kaum eine:n Erwachsene:n, der oder die in der Herkunftsfamilie eine gesunde Pausenkultur erlebt hat. Viele der heutigen Eltern, die ich begleite, beobachten nach wie vor bei ihren eigenen Eltern, dass diese sich keine Minute Pause gönnen und sich ständig auf Trab halten müssen. Wenn wir nie beobachten konnten, dass unsere Eltern mal für einen Moment für sich gesorgt haben, indem sie ein Buch gelesen, eine Achtsamkeitsübung oder wirklich auch mal gar nichts gemacht und dabei aufgetankt haben – woher sollen wir es denn kennen, geschweige denn können? So viele der Menschen, die ich begleite, möchten diesen Glaubenssatz gerne loslassen, da er sie in die Erschöpfung und Überforderung treibt. Wenn sie sich dann erlauben können, Pausen zu machen, stehen sie meist vor der nächsten Herausforderung: dass sie nämlich gar keine Idee haben, was für sie eine Pause sein könnte und womit sie wirklich auftanken können. Noch dazu, wenn die Pause leicht und nachhaltig in den Familienalltag integrierbar sein soll und nicht gleich ein ganzes Wellness-Wochenende ohne Kinder. Es kann also gut sein, dass du aufgrund deiner Prägung wählst, direkt nach der Arbeit und Kita zum Einkaufen zu fahren und sogar das Spielen mit deinem Kind eher wie ein To-do erlebst, vor dem nächsten To-do des Kochens, Aufräumens und dann des Schlafens. Das ganze Leben ist eine einzige To-do-Liste, dank der du dich produktiv und wertvoll fühlst. Wenn du bei der Idee, zuerst nach Hause zu fahren und sich gemeinsam ein wenig vom Tag zu erholen, dachtest, dass das gar keinen Sinn macht, könnte auch dieser Gedanke vom Glaubenssatz der Leistungsorientierung angetrieben sein. Dann wird es sich für dich nämlich falsch anfühlen, das Prinzip »Erst die Arbeit, dann das Vergnügen« umzukehren.

Ich darf keine Fehler machen.

Ich spreche nur noch sehr ungern von Fehlern und stattdessen viel lieber von Erfahrungen. Der Begriff Fehler hat in unserem Wortschatz eine sehr negative Färbung und geht oft einher mit Verurteilung, Scham und Schuld. Wenn wir jedoch radikal davon ausgehen, dass jedes Verhalten einen guten Grund hat, dann kann das unseren Blick milder werden lassen für Situationen, die nicht entsprechend unseren Werten verlaufen. Wir Eltern haben häufig Angst, einen Fehler zu machen, indem wir das Kind verziehen oder ihm durch unseren Umgang mit ihm einen Schaden fürs Leben zuzufügen. Ich behaupte: Kein Kind wird ohne Spuren von elterlichen »Fehlern« durch die Kindheit kommen. Es bringt niemandem etwas, wenn wir an perfektionistischen Erziehungsidealen scheitern. Stattdessen dürfen wir an immer neuen Erfahrungen wachsen und uns in diesen Prozess verlieben. Manchmal tendieren Menschen mit dem Glaubenssatz, keine Fehler machen zu dürfen, auch dazu, sich als unverbesserlich zu geben und so zu vermeiden, mögliche Fehler einzuräumen. Dazu möchte ich dir zwei Dinge ans Herz legen: Zunächst einmal die Tatsache, dass wir alle für immer Lernende sind. Niemand von uns weiß und kann alles. Niemand von uns kann von sich behaupten, perfekt zu sein und alles richtig zu machen. Viel sinnvoller ist deswegen, immer neugierig und offen zu bleiben für neue Informationen und Erkenntnisse. Wir erschließen uns die Welt erst nach und nach, auch noch als Erwachsene, und genauso verhält es sich auch mit der Begleitung von Kindern: Erst mit der Zeit bekommen wir ein umfassenderes Bild davon, was wirklich sinnvoll ist und was nicht. Auf der anderen Seite ist hier radikale Ehrlichkeit wichtig, im ersten Schritt zu uns selbst. Wenn wir die Einkaufssituation radikal ehrlich reflektieren, dürfen wir uns eingestehen, was daran nicht im Sinne des Kindes und nicht in unserem Sinne verlaufen ist. Wenn wir wirklich ehrlich zu uns selbst sind, können wir Gründe dafür ausmachen, warum wir es vermeiden, Gefühle zu validieren, beispielsweise aus Angst davor, mit ihnen überfordert zu sein. Doch auch diesen »Fehler« der Überforderung dürfen wir machen. Denn wie das Wort selbst schon sagt, in jedem »Fehler« steckt ein »Helfer«.

Uns selbst auf Augenhöhe begegnen

Eine der größten aktuellen Herausforderungen von Elternschaft ist, dass wir uns unsere eigenen Glaubenssätze bewusst machen und sie auflösen. Wir sollten unsere Kinder möglichst frei von wenig hilfreichen Annahmen begleiten. Wir bewerten Situationen als bedrohlich und stressig, weil sie uns an frühere Erlebnisse und Gefühle erinnern, und verlieren darüber unsere Souveränität und Leichtigkeit. Genau in den Momenten, in denen wir auf Widerstand des Kindes treffen, fallen wir schnell in altbekannte Muster, in denen es hauptsächlich darum geht, das Kind zu dominieren. »Kinder müssen auch einfach mal auf uns hören!«, sagt der trotzige Erwachsene, der in diesem Moment alles andere als erwachsen ist. Außerdem kann ein Umgang mit Kindern, der nur darauf abzielt, dass sie unter allen Umständen folgen, den Weg für künftige Grenzüberschreitungen, ein niedriges Selbstwertgefühl oder auch Missbrauch ebnen. Wie bedeutend die Erfahrung für Kinder ist, dass ihre Grenzen gewahrt werden, beschreiben auch die Bloggerinnen und Bestseller-Autorinnen Danielle Graf und Katja Seide in ihrem Buch *Das gewünschteste Wunschkind aller Zeiten treibt mich in den Wahnsinn*. Das Kind, das gelernt hat, dass seine eigene körperliche Integrität beim Wickeln achtlos übergangen wird, kann sich leicht zur Jugendlichen entwickeln, die glaubt, sie muss sich gegen ihren Willen vom Klassenkameraden küssen lassen – nur weil er das will. Diese Schlussfolgerungen treffen natürlich nicht immer so plakativ zu. Dennoch lassen sich bei der Reflexion unserer Verhaltensmuster erstaunlich oft Ursprünge in Erfahrungen aus der Kindheit aufdecken.

Indem wir also uns selbst auf Augenhöhe begegnen und unsere eigenen Erfahrungen, Gefühle und Bedürfnisse validieren, haben wir das Fundament für eine starke elterliche Führungsrolle bereits gelegt. Mit dieser Voraussetzung kann es gelingen, Kinder vielmehr auf Augenhöhe zu begleiten, als sie von oben herab zu er-ziehen. Bevor wir uns mit der Auflösung unserer Glaubenssätze und Blockaden beschäftigen, müssen wir uns aber zunächst noch stärker mit ihren Ursprüngen beschäftigen, die in unserer eigenen Kindheit und der unserer Eltern liegen können.

Beim Einkaufen darf ich immer wählen, welches Obst ich haben möchte und ob wir die blaue oder die gelbe Müsli-Packung mitnehmen. Außerdem haben wir die Abmachung, dass ich mir bei jedem Einkauf eine besondere Sache aussuchen darf. Wir stehen an der Kasse, und diesmal fällt meine Wahl auf ein Pixi-Buch. Da entdecke ich einen Schokoriegel und sehe dich fragend an. Du sagst: »Hast du Lust auf diesen Schokoriegel? Du darfst ihn wählen, dafür muss aber das Pixi-Buch wieder zurück.« Ich ziehe eine Schnute. Ich möchte das Buch nicht zurückgeben! Ich möchte beides haben! Meine Finger umklammern den Schokoriegel. »Bitte leg den Riegel jetzt aufs Band oder zurück ins Regal, sonst schmilzt er und dann möchte ihn niemand mehr haben!« Ich versteife mich, wir rücken näher an die Kasse. Du beugst dich zu mir runter und mit ruhiger und fester Stimme erklärst du, dass du den Riegel jetzt nehmen und zurücklegen wirst und ich das Buch behalten kann.

Ich bin enttäuscht, wütend und traurig und werfe mich weinend auf den Boden. Ich wollte mich nicht entscheiden! Ich wollte beides!

Du trittst aus der Schlange raus, hockst dich neben mich, streichelst meinen Kopf und sagst: »Ich verstehe, dass du dich ärgerst. Wenn ich etwas nicht bekomme, ärgere ich mich auch. Komm, wir sind jetzt dran!«

Ich gehe weinend durch den Kassenbereich zum Auto und weine die gesamte Heimfahrt. Du bist die meiste Zeit einfach ruhig oder wiederholst, was du zuvor gesagt hast. Im Auto reichst du mir deine Hand nach hinten. Weinend nehme ich sie.

Als wir zuhause ankommen, weine ich nicht mehr. Ich möchte getragen werden! Bedauernd siehst du mich an und sagst: »Ich würde dich gerne tragen, aber sieh mal: Ich habe die vielen schweren Tüten, die ich tragen muss, deswegen geht es jetzt leider nicht.«

Ich weine wieder und laufe mit schlurfenden Schritten und Rotznase hinter dir her.

Als es Abend wird, soll ich ins Bett gehen. Du hilfst mir, mich bettfertig zu machen. Ich möchte, dass du zum Einschlafen bei mir bleibst. Ich möchte deinen Duft einatmen und nicht alleine sein.

Diesmal siehst du bedauernd zur Küche und zu deinem Laptop, im Wissen, dass unzählige Mails und To-dos auf dich warten. Aber du wendest dich ab von Küche und Laptop und legst dich zu mir. Ich atme auf und seufze zufrieden. Und während ich an deinen Haaren zwirbele, schlafe ich sicher und geborgen ein.

Nutze das Beispiel des gemeinsamen Einkaufs mit deinem Kind oder eine beliebige andere Situation, die in deinem Familiensystem konfliktbehaftet ist. Starte mit der validierenden Wahrnehmung und der Okay-Haltung und beschreibe zunächst das sichtbare Verhalten. Reflektiere dann zuerst deine eigenen Gedanken, danach wechsle die Perspektive und überlege dir, welche Gedanken wohl die anderen Beteiligten haben könnten. Es geht hierbei nicht darum, richtig oder falsch zu liegen, sondern gedankliche Prozesse anzustoßen. Nutze das Eisbergmodell als Leitfaden: Nach den Annahmen über die Gedanken stelle Annahmen über mögliche Gefühle an. Beobachte währenddessen, welche inneren Reaktionen du auf welche Gefühle hast. Gibt es Gefühle, denen du dich gut gewachsen fühlst? Gibt es welche, die dir Angst machen oder vor denen du zurückschreckst? Welche Glaubenssätze könnten sich dahinter verbergen? Bleibe auch hierbei in der validierenden Wahrnehmung und Okay-Haltung. Zusätzlich kannst du noch Bedürfnis-Detektiv spielen und erforschen, welche Bedürfnisse bei wem gerade unerfüllt sein könnten.

Wenn du mit der validierenden Wahrnehmung Glaubenssätze bei dir entdeckt hast, empfehle ich dir eine wundervolle Methode, die ich schon sehr häufig mit großem Erfolg bei mir selbst und meinen Klient:innen eingesetzt habe: die Klopftechnik. Im letzten Kapitel erfährst du, wie du sie anwenden kannst, um Glaubenssätze und Blockaden aufzulösen und dich selbst zu regulieren.

WER NICHT HÖREN WILL, MUSS FÜHLEN!

Über Adultismus und Entwicklungstraumata

> Ich bin noch kein Jahr alt und liege auf einer Spieldecke. Ich kann mich gerade so vom Bauch auf den Rücken und wieder zurückdrehen. Ich kann nicht aufstehen und mir ein Stück Apfel nehmen, wenn mir danach ist. Ich kann mir nicht selbst erklären, warum mein Bauch wehtut, oder die Vorhänge zuziehen, wenn ich von der Sonne geblendet werde. Ich bin voll und ganz auf dich angewiesen. Was ich aber kann, ist auf mich aufmerksam zu machen. Ich schreie nicht sofort aus vollem Halse, ich fange erst einmal leise an zu quäken. Ich sehe niemanden. Ich weiß nicht, dass du gerade im Zimmer nebenan bist und dort die Wäsche zusammenlegst. Ich fühle mich verlassen und bekomme Angst. Stresshormone fluten mein Hirn, versetzen es in Alarmbereitschaft. Ich schreie lauter. Da tauchst du endlich in meinem Blickfeld auf. Ich bin erleichtert. In meinem Erleben habe ich dich nicht mal eben völlig unnötig vom Wäschemachen abgelenkt, in meinem Erleben habe ich diesmal den Überlebenskampf gewonnen.

Kinder bewegen sich mit ihren Handlungen immer zwischen den zwei Polen von Autonomie und Bindung. Eine liebevolle Bindung zu ihren Bezugspersonen zu haben, gehört zu den kindlichen Grundbedürfnissen, wie ich sie dir zu Beginn des Buches vorgestellt habe. Kinder suchen immer wieder die Balance zwischen dem Ausdruck von Selbstwirksamkeit, dem Forschen und Entdecken ihrer Umgebung und dem Gefühl von Geborgenheit und Sicherheit. Dabei entwickeln sie zwar kontinuierlich Kompetenzen und entfalten ihre eigenen Stärken und Fähigkeiten, gleichzeitig bleiben wir alle zeitlebens auch ein Stück weit bedürftig und abhängig voneinander. Mit dieser Bedürftigkeit sind Kinder uns ausgeliefert, denn faktisch sind wir größer als sie, verfügen über mehr Wissen, Lebenserfahrung und Handlungsmöglichkeiten.

Bedürftigkeit anerkennen

Die Konfrontation mit der Bedürftigkeit des eigenen Kindes ist für viele Eltern herausfordernd, nicht zuletzt, weil sie dadurch womöglich an die eigene Bedürftigkeit erinnert werden. Denn allzu oft haben wir selbst in unserer Kindheit eher unangenehme Reaktionen auf unsere eigene Bedürftigkeit erlebt. Auch heute ist es noch ein verbreitetes Ideal, dass Säuglinge »brav« auf der Decke liegen, nicht allzu viel Aufmerksamkeit einfordern und zufrieden sind, auch wenn Eltern gerade den Haushalt machen. Kleine Babys sind aber evolutionär darauf programmiert, immer die Verbindung zur Bezugsperson zu suchen und sicherzustellen. Das tun sie nicht nur durch Weinen, sondern auch durch Lachen und andere Kontaktaufnahme. Dass eine umgehende und feinfühlige Reaktion besonders auf Weinen für eine sichere Bindung wichtig ist, setzte sich erst in den letzten Jahren breiter durch.

Selbstständigkeit ist in unserer Gesellschaft sehr angesehen. Das Einfordern und Annehmen von Hilfe auf Augenhöhe ist hingegen noch weitaus weniger populär. Wer äußert, Hilfe zu brauchen, wird schnell als schwach oder unselbstständig wahrgenommen. Den Glaubenssatz »Ich muss alles allein schaffen« tragen die meisten von uns in mehr oder weniger ausgeprägter Form in sich. Auch in der Begleitung von Kindern wird das deutlich. Erwachsene verwehren Kindern manchmal Hilfe, wenn sie eine Fähigkeit bereits erworben haben und dann doch wieder um Unterstützung bitten: beispielsweise dem erstgeborenen Kind, das längst selbstständig essen kann, aber nach der Geburt des Geschwisterkindes plötzlich auch wieder gefüttert werden will.

Entsprechend dem Eisbergmodell aus dem ersten Kapitel lassen sich hier viele Annahmen über mögliche Gedanken, Gefühle und Bedürfnisse anstellen: Das Kind könnte Sorge haben, ob die Eltern noch genug Zeit zum Spielen haben. Es könnte eifersüchtig auf das Baby sein, das immer wieder beim Wickeln, Füttern und Beruhigen liebevolle Fürsorge erfährt. In all den Situationen, in denen wir für Kinder sorgen, laufen wir Gefahr, unsere Macht nicht verantwortungsvoll zu nutzen und keine elterliche Führungsrolle einzunehmen, die die Gefühle und Bedürfnisse aller Familienmitglieder sieht, achtet und ausbalanciert, sondern in adultistische Verhaltensmuster zu verfallen.

Adultismus

Adultismus beschreibt die Machtungleichheit zwischen Kindern und Erwachsenen und daraus folgend die Diskriminierung jüngerer Menschen aufgrund ihres Alters. Dazu zählen sowohl abwertende Aussagen wie »Sei nicht so kindisch« oder »Ist doch nicht so schlimm« als auch die willkürliche Machtausübung Erwachsener gegenüber Kindern bis hin zu Grenzüberschreitungen und verbaler, emotionaler, körperlicher, wirtschaftlicher und sonstiger Gewalt.

Adultistisches Verhalten ist eng verknüpft mit dem Bild vom Kind, das wir bis heute haben. Nicht nur im familiären Kontext, sondern genauso in der außerfamiliären Betreuung, wie Lea Wedewart und

Kathrin Hohmann in *Kinder achtsam und bedürfnisorientiert begleiten in Krippe, Kita und Kindertagespflege* verdeutlichen. Wenn wir in die Geschichte der Kindheit zurückblicken, ist es eine neue Erscheinung, dass Kinder und Erwachsene als gleichwertig angesehen werden. Vorherige Generationen haben die Gefühle von Kindern deswegen nicht validiert, weil die Erwartung an und das Verständnis von Kindern völlig anders waren als heute. Im Kern ging es oft darum zu überleben. Im Zweiten Weltkrieg bedeutete das beispielsweise für ein Kind, dass es möglichst wenig Umstände machte, sich möglichst unauffällig verhielt und Bedürfnisaufschub in Perfektion beherrschte. Daher könnte auch die Idee stammen, dass ein Baby möglichst ruhig und unauffällig auf der Decke liegen soll. Heute gibt es diese Notwendigkeit für Kinder nicht mehr, denn Kinder können viel mehr Raum einnehmen als noch vor zwei oder drei Generationen.

Mit einem neuen Bild vom Kind als Wesen, das Gefühle aus eigenem Recht hat und dessen Bedürfnisse für eine gute Entwicklung erfüllt sein müssen, entstehen auch neue Aufgaben und Anforderungen für die Eltern. Um Klarheit über neue Wege finden zu können, brauchen wir Klarheit über das Ziel. Was ist wichtig und richtig für die Begleitung unserer Kinder? Auf welche Herausforderungen sollten wir sie vorbereiten? Welche Fähigkeiten und Erfahrungen sollten unsere Kinder mit auf den Weg bekommen? Was für Jugendliche und Erwachsene sollen aus ihnen werden?

Wenn die Bedürfnisse von Kindern und Erwachsenen gleichermaßen ihre Bedeutung haben und Eltern zwar mehr Macht, gleichzeitig aber auch mehr Verantwortung haben, komme ich zu dem Schluss, dass das sinnvollste Ziel in der heutigen Zeit eher eine Begleitung von Kindern ist: dabei ihr Selbst mit allen Stärken und Schwächen zu erkennen, ihre individuelle Persönlichkeit zu entfalten und ihren eigenen Lebensweg zu entdecken. Die größten Geschenke, die wir Kindern auf diesem Weg machen können, ist bedingungslose Liebe, Sicherheit, Halt und die Vermittlung von Werten.

In der Theorie klingt es vielleicht einfach, diesen doch sehr allgemeinen und etwas schwammigen Anspruch zu erfüllen. In der Praxis werden uns dabei viele Widerstände begegnen, denn weil wir selbst als Kinder Adultismus und Entwicklungstraumata erlebt haben, werden wir diese in mehr oder weniger intensiver Ausprägung und mehr oder weniger bewusst reproduzieren, also wiederholen.

Entwicklungstraumata

In Abgrenzung zum klassischen Schocktrauma ist ein Entwicklungstrauma eine frühe Verletzung, die auf den ersten Blick nicht immer so einschneidend und grausam wirkt wie tragische Ereignisse, die allgemein als traumatisch angesehen werden. Es kann sich dabei sowohl um einmalige Ereignisse wie einen plötzlichen Krankenhausaufenthalt der primären Bezugsperson handeln als auch um Verhalten und Umgang mit dem Kind, das sich wiederholt, wie bei emotionaler Vernachlässigung. Entwicklungstraumata können aber auch durch abwertende Bemerkungen über das Verhalten, Charakter oder Aussehen des Kindes entstehen. Jegliche Art von Strafen kann vom Kind als Entwicklungstrauma erlebt werden, insbesondere wenn es sich dabei um trennungsbasierte Strafen handelt, also das Kind in einen anderen Raum geschickt oder ignoriert wird. Eindeutig schädlich ist, Babys und Kleinkinder unbegleitet weinen zu lassen. Weitere Beispiele sind Vernachlässigung in körperlicher oder seelischer Hinsicht, wenn also Kinder nicht ausreichend Zuwendung oder Versorgung erfahren, sowie die Überforderung, die entstehen kann, wenn Kinder die Verantwortung tragen für Aufgaben, die eigentlich die Erwachsenen übernehmen sollten, so wie zum Beispiel die alleinige Versorgung eines Säuglings für ein Grundschulkind überfordernd wäre.

Verletzungen für das ganze Leben

Aus entwicklungstraumatischen Erlebnissen wie Bestrafungen und Beschämungen, wenn man einen Fehler gemacht hat, entstehen nicht nur Glaubenssätze, sondern, wie ein Pionier auf dem Gebiet der vererbten Familientraumata, Mark Wolynn, in *Dieser Schmerz ist nicht meiner* zeigt, auch emotionale Wunden und seelischer Ballast. Sie erschweren uns oft, friedvoll und einfühlsam mit unseren Kindern umzugehen. Genau in den Momenten, in denen die Belastung und der Stress sehr akut sind, steht die große Bedürftigkeit des Kindes unserer eigenen Bedürftigkeit entgegen. Wir fühlen uns erinnert an unsere eigene Kindheit. Neben dem realen Kind ruft auch unser unversorgtes inneres Kind nach Zuwendung und Fürsorge.

Die Auswirkungen von Entwicklungstraumata reichen bis in unser Erwachsenenleben und werden mit der Geburt von eigenen Kindern häufig wieder besonders aktiv. Dann kann es sein, dass wir alle Kraft darauf verwenden, es anders – besser – zu machen, als wir es selbst erlebt haben. Unsere Kinder kennen jedoch keinen anderen Standard und reagieren statt mit Dankbarkeit und Zufriedenheit mit ihrer ganzen Bandbreite an Emotionen. In solchen Momenten passiert es leicht, dass wir die souveräne Elternrolle verlassen und – wie ich gern sage – »ins innere Kind kippen«. Die Machtungleichheit zwischen dem Kind und dem Erwachsenen bleibt jedoch bestehen, das Kind hat bei jedem Machtkampf schon im Vorfeld verloren. Gut möglich ist beispielsweise, dass wir dank des Eisbergmodells neue Ideen zu den Bedürfnissen des Kindes entwickeln und versuchen, auf diese einzugehen. Wir geben damit unser Bestes und liegen womöglich sogar richtig mit unserer Interpretation. Das Kind jedoch ist misstrauisch, ob es dem neuen Verhalten des Erwachsenen trauen kann, und bleibt vorerst im Widerstand. Hier gilt es, geduldig daran zu arbeiten, die Vertrauensbasis des Kindes wiederherzustellen und es wieder und wieder darin zu bestätigen, dass wir es immer besser lesen lernen.

Der Ausweg aus adultistischen Verhaltensweisen ist also zuallererst Klarheit über unseren Auftrag als Eltern: weg von der Erziehung und Formung von Kindern hin zur Begleitung und Unterstützung. Dafür braucht es Feinfühligkeit, Vertrauen und vor allem inneren Halt. Denn die Herausforderungen der verschiedenen Entwicklungsphasen werden uns immer wieder dazu einladen, aus der Rolle zu fallen und doch wieder alte Verhaltensweisen zu wiederholen. Das kann vor allem dann passieren, wenn es uns nicht gelingt, die Gefühle unserer Kinder prompt zu regulieren. Wenn ein Baby weiter weint, obwohl wir seit Stunden an seiner Seite sind, oder der Wutausbruch eines Zweijährigen lange nicht abebben will, ist das für uns eine echte Herausforderung. Hilfreich ist, wenn wir uns dann sagen, dass wir die Gefühle nicht abstellen müssen oder können. Dass wir einfach da sind, ist für unsere Kinder ungemein wertvoll.

Manchmal können wir auf den ersten Blick nicht einmal erkennen, dass wir in alte Muster zurückgehen, weil wir diese Strukturen so sehr verinnerlicht und vielleicht auch noch nie hinterfragt haben. Daher können wir von Glück sprechen, dass es Konflikte, Gefühlsausbrüche und überhaupt Gefühle gibt – sie machen uns darauf aufmerksam, dass wir uns einem Thema zuwenden und es reflektieren dürfen.

So war es auch bei einer meiner Klientinnen, einer alleinerziehenden Mama mit einer dreijährigen Tochter und einem fünfjährigen Sohn. Der Anlass für die Beratung bei mir war die unglaubliche Wut, die sie in sich verspürte, wenn zwischen den Kindern Geschwisterstreitigkeiten aufkamen. Für sie war es unerträglich, wenn die Kinder sich darüber stritten, wer gerade die Schaufel haben darf, wer mehr Nudeln auf dem Teller hat oder wer die Gute-Nacht-Geschichte auswählt.

Sämtliche Konfliktsituationen endeten in sehr adultistischen Verhaltensweisen der Mama: Sie wurde laut gegenüber den Kindern, teilweise erniedrigte und beschimpfte sie sie, sie schickte sie allein auf ihr Zimmer, und wenn sie nicht folgten, packte sie die Kinder auch mal am Arm und zerrte sie hinter sich her.

Abgesehen davon, dass bei den Kindern kein Lerneffekt und keine Basis für alternative Verhaltensweisen als der bisherigen entstehen konnten, fühlte sich die Mama selbst auch nicht wohl mit ihrer Art von Erziehung. Als ich sie fragte, was sie glaube, wie ihre Kinder die Konfliktsituationen erlebten, fing sie an zu weinen. Es schmerzte sie sehr, sich vorzustellen, sich selbst als Mutter ausgeliefert zu sein, bei all der Ungeduld, Härte und Wut, die sie in sich trug. In dem Moment, in dem sie die Perspektive wechselte, wurde sie von Scham- und Schuldgefühlen regelrecht überschwemmt. Gemeinsam standen wir diese Welle durch, denn das Zu-Ende-Fühlen und Botschaften-Abholen von Gefühlen ist Voraussetzung dafür, dass wieder klare Gedanken gefasst werden können. Unterstützt habe ich diesen Prozess mit einer Klopf-Einheit, wie ich sie am Ende des Buches vorstelle. Als Nächstes befragten wir gemeinsam die beiden Gefühle Scham und Schuld danach, welche Botschaft sie für die Mama verborgen hielten. Es stellte sich heraus, dass in ihr ein alter Glaubenssatz aktiviert wurde: »Ich bin nicht gut genug.« Die Aufgabe, die Geschwisterkonflikte zu begleiten, fühlte sich überfordernd für meine Klientin an. Sie selbst und ihre eigenen beiden Geschwister waren in der Kindheit immer sich selbst überlassen worden. Sie hatte keinerlei Vorstellung oder Idee, wie eine friedvolle und liebevolle Begleitung aussehen könnte. Schnell fand sich dann auch der Ursprung für ihre Wut: Als jüngstes Kind zog sie in den meisten Fällen den Kürzeren, fühlte sich benachteiligt und nicht gesehen in ihrer Familie. Der Anblick ihrer streitenden Kinder katapultierte sie direkt in dieses Gefühl zurück. Als Strategie wählte sie in der Regel den Angriff, um das altbekannte Gefühl der Ohnmacht und Hilflosigkeit nicht spüren zu müssen.

Traumareaktionen

Auch wenn Entwicklungstraumata von außen vielleicht auf den ersten Blick »nicht so schlimm« wirken mögen, so sind sie doch gleichermaßen wie Schocktraumata überfordernd und existenziell bedrohlich für Betroffene. Wir sprechen von vier verschiedenen Reaktionen auf existenzielle Bedrohungen, in denen der Therapeutin und Traumaexpertin Dami Charf zufolge der Alarm- oder Überlebensmodus im System eines Menschen aktiviert wird:

Fight = Kampf

Tief in unserem biologischen Erbe verankert ist, dass unser Gehirn bis heute nicht unterscheidet, ob es sich um eine vermeintliche Banalität wie den Streit zweier Kinder um eine Schaufel oder um den berüchtigten Angriff des wilden Tieres handelt. Die Prozesse im Körper und im Gehirn sind die gleichen, ebenso wie die Reaktion. Wie im Beispiel beschrieben, entstehen so vollkommen unverhältnismäßige Reaktionen, die jedoch in den Tiefen unserer Seele ihre Begründung finden. Wenn meine Klientin als Kind die Erfahrung gemacht hat, dass sie in ausweglosen Situationen alleingelassen wurde und mit keinerlei Hilfe rechnen brauchte, ist das tief in ihr gespeichert. Konfrontiert mit einer Art Reinszenierung ihres eigenen Entwicklungstraumas flammt auch die Intensität der eigenen Gefühle wieder auf und führt zu einer ebenso intensiven Reaktion, rein aus der Rolle des inneren Kindes heraus und weit entfernt von der elterlichen Führungsrolle. Das laute Beschimpfen der Kinder, das Zerren am Arm – all das ist ein Ausdruck einer Traumareaktion.

Flight = Flucht

Nicht nur im direkten Umgang mit unseren Kindern können alte Wunden wieder aufreißen, auch unsere Beziehungen haben dazu großes Potenzial. Ich erinnere mich an die Anfänge unserer Patchworkfamilie, in denen ich häufig wortwörtlich aus Streitgesprächen flüchtete, wenn Konflikte sich festgefahren hatten. Wenn zwei Erwachsene in einem Konflikt jeweils ins innere Kind kippen, ist ein lösungsorientiertes Gespräch kaum mehr möglich. Jede Seite versucht nur verbissen, den eigenen Willen durchzukriegen oder das eigene Bedürfnis zu erfüllen – ohne Rücksicht auf Verluste. Wenn die Fronten einmal verhärtet waren, wusste ich mir meist nicht anders zu helfen, als zu fliehen. Irgendwann reflektierte ich, dass das ein Verhaltensmuster war, das ich jahrzehntelang in meiner eigenen Familie beobachtet hatte. Ich war allein bis zu meinem achtzehnten Geburtstag an die zehnmal umgezogen und kannte somit auch gar keine langfristigen Verbindungen und tiefer gehenden Beziehungen zu Menschen. Kaum hatte ich Freundschaften in einem Ort geknüpft, musste ich schon wieder meine Sachen packen und weiterziehen.

Freeze = Erstarrung

Kampf und Flucht sind Reaktionen auf Gefahr. Sie sollten ursprünglich unserer Rettung dienen. Ist beides nicht möglich, kann es sein, dass wir erstarren. Dieses Verhalten ist beispielsweise bei Säuglingen zu beobachten, die darauf trainiert werden sollen, allein einzuschlafen. Ein Baby hat noch nicht die kognitiven Fähigkeiten zu verstehen, dass es in der warmen, sicheren Wohnung ist und die Eltern nebenan sind. Es bemerkt nur, dass es allein ist, fühlt sich bedroht und versucht, mit Schreien (=Kampf) auf sich aufmerksam zu machen. Flucht ist aufgrund der motorischen Entwicklung noch nicht möglich, und wenn es dann keinen Erfolg hat, indem es auf sich aufmerksam macht, wird es sich irgendwann totstellen und erstarren, weil es damit die besten Überlebenschancen zu haben glaubt. Es wird sich nicht, wie leider heutzutage immer noch viele Menschen denken, selbst beruhigen und friedlich einschlafen, sondern über den Wechsel zwischen Kampf und Erstarrung irgendwann vor Erschöpfung aufgeben.

Fawn = Unterwerfung

Die vierte, noch nicht allzu bekannte Traumareaktion wird von der Traumatherapeutin Dami Charf als »Bambi-Reflex« bezeichnet. Mit einer solchen Reaktion versuchen wir, das Gegenüber zu beschwichtigen und uns möglichst angepasst und unauffällig zu verhalten, um ja keinen Ärger zu provozieren. Menschen, die diese Strategie nutzen, werden ihr Gegenüber immer scannen und versuchen, alle Bedürfnisse und Wünsche zu lesen und zu erfüllen.

Da Entwicklungstraumata per Definition oft keine einmaligen Ereignisse sind, sondern sich ständig wiederholen, ist die Wahrscheinlichkeit sehr hoch, dass dieser ursprüngliche Überlebensmechanismus zu einer Konditionierung, also einem etablierten Verhaltensmuster wird. Schließlich stellt ein Kind laufend Fragen, ob wortwörtlich oder im übertragenen Sinne mit seinem Verhalten, wenn es versucht, die Welt zu entdecken und sich Zusammenhänge zu erschließen. Je nachdem, wie die Reaktionen des Umfelds ausfallen, wird das Kind seine Schlüsse daraus ziehen. So ging es uns in unserer eigenen Kindheit, und so geht es den Kindern, die wir heute begleiten.

Das Bewusstsein über eigene entwicklungstraumatische Erfahrungen ist wichtig, um mögliche blinde Flecken in der Begleitung unserer Kinder aufzudecken. Dieser Prozess darf parallel stattfinden, denn gerade durch die Erlebnisse mit unseren Kindern haben wir die Möglichkeiten, eigene alte Wunden zu entdecken und nachträglich zu versorgen. Ignorieren wir unsere Wunden jedoch, werden sie in der Interaktion mit unseren Kindern immer wieder aufreißen können und so als Konfliktherde schwelen.

Ich bin noch kein Jahr alt, und noch nicht immer kannst du sofort lesen, was ich gerade brauche. Du kannst an meinem Weinen mittlerweile ganz gut unterscheiden, ob ich mir wehgetan oder mich erschreckt habe. Je nachdem brauche ich eher Küsse auf die verletzte Stelle oder deine beruhigende Umarmung. Wenn du mal einen Moment länger in einem anderen Raum bist und ich unruhig werde oder wenn ich aufwache und du bist aufgestanden, als ich eingeschlafen bin, dann brauche ich mich nur kurz bemerkbar machen, schon bist du wieder bei mir. Manchmal ist es nicht das Essen, nicht das Spielen, nicht das Getragenwerden, nicht die Bauchmassage und auch sonst nichts, was du versuchst, um mich zu beruhigen. Manchmal weine und weine ich weiter. Manchmal weinst du dann mit. Auch das darf sein. Weder du noch sonst irgendein anderer Mensch auf dieser Welt wird jemals dafür sorgen können, dass ich niemals weine. Das braucht es auch gar nicht. Denn das Weinen, die Traurigkeit, Schmerzen und all die anderen unangenehmen Gefühle gehören zum Leben dazu. Das Beste, was du tun kannst, ist in diesen Momenten einfach bei mir sein. So gut es eben geht. Manchmal wirst du kurz weggehen müssen, weil mein Weinen dir vielleicht zu viel wird. Das ist schwer für mich. Deswegen ist wichtig, dass du immer wieder zurückkommst. Dass du immer weiter für dich sorgst, damit du dann gut für mich sorgen kannst.

Welche Traumareaktionen beobachtest du bei dir in Konfliktsituationen mit deinem Kind oder aber auch mit anderen Familienmitgliedern, Freund:innen oder Kolleg:innen?
Wenn du heute zurückblickst auf das Verhalten deiner Eltern in deiner Kindheit oder auch zu späteren Zeiten, welche möglichen entwicklungstraumatischen Erfahrungen könntest du früher gemacht haben? Welche Gefühle löst das in dir aus?
Falls es dir schwerfällt, dich zu erinnern, beobachte mal im Hier und Jetzt, welche Situationen mit deinem Kind dich besonders herausfordern. Welche Schlüsse auf möglicherweise missachtete Bedürfnisse oder überschrittene Grenzen in deiner Kindheit könntest du daraus ziehen? Erneut geht es nicht darum, die eine richtige Antwort zu finden, sondern Gedanken in dir anzustoßen.

DAS HAT UNS DOCH AUCH NICHT GESCHADET!

Perspektivwechsel und Bedürfnisse im Kontext der transgenerationalen Traumatisierung

Nach zwei Stunden Einschlafbegleitung sagst du mir, dass du mal eben kurz aufs Klo gehst. Ich höre deine Schritte, höre das Wasser laufen, aber es dauert irgendwie lange. Schließlich fallen meine Augen zu, ohne dass du neben mir sitzt. Ich kann nicht wissen, dass du als Kind darum betteln musstest, dass die Tür wenigstens einen Spalt aufbleibt, weil du mit deiner Angst allein gelassen wurdest. Ich kann nicht wissen, dass es dich – vielleicht deswegen – den letzten Nerv kostet, wenn du mich schon liebevoll ins Bett bringst und begleitest und ich dann noch bis zum Einschlafen deine Hand halten möchte. Ich kann nicht wissen, wie hart es für dich ist, es anders zu machen, als du es selbst erlebt hast.

Wir sitzen am Tisch und essen Kekse. Wir sind ausgelassen und erzählen einander lustige Geschichten. Plötzlich muss ich so loslachen, dass all die Krümel aus meinem Mund über den Tisch fliegen. Das ärgert dich und du sagst wütend: »Ach komm, pass doch bitte ein bisschen auf!« Ich kann nicht wissen, dass du früher gezwungen wurdest aufzuessen und so lange am Tisch sitzen bleiben musstest, bis der Teller leer war. Oder dass du auf die Finger bekommen hast, wenn dir so etwas wie mir passiert ist. Ich kann nicht wissen, dass es dir in Fleisch und Blut übergegangen ist, ordentlich am Tisch zu sitzen und zu essen. Und wie hart es manchmal für dich ist, es anders zu machen, als du es selbst erlebt hast.

Wir müssen los. Ich kämpfe mit dem störrischen Stiefel, bekomme ihn einfach nicht an. Mir kommen schon die Tränen, und doch will ich es selbst schaffen. Du sagst nicht viel, ziehst ihn mir an und nimmst mich auf den Arm. Ich protestiere! Ich wollte das allein schaffen! Ich kann doch nicht wissen, dass du nur die zwei Extreme erlebt hast: entweder gewaltsam gegen deinen Willen angezogen oder ganz allein gelassen zu werden.

Ich kann nicht wissen, wie wenig nachvollziehbar es für dich ist, dass ich nicht jeden Tag unendlich dankbar bin für die Kindheit, die du für mich mitgestaltest.

Wenn wir uns all die negativ erinnerten Einflüsse in unserer eigenen Kindheit ansehen und die Gefahren, denen unsere Kinder deswegen durch uns ausgesetzt sind, drängt sich die Frage auf: Sind unsere Eltern schuld daran, dass wir unsere Kinder immer noch manchmal bestrafen, obwohl dies längst überholt ist? Dass noch immer unzählige Eltern fragwürdige Schlaftrainings für ihre Kinder empfohlen bekommen und auch durchziehen, obwohl Schreienlassen zweifelsfrei emotionale Gewalt an Kindern ist? Dass selbst die Menschen, die offen für neue Wege in der Erziehung sind, in alte Verhaltensmuster rutschen und sich entgegen ihrer Werte verhalten?

Verhaltensmuster entschlüsseln

Schuld ist im transgenerationalen Familiensystem ein sehr polarisierendes Wort, denn es bedeutet immer, dass ein oder mehrere Menschen für Fehlentwicklungen direkt verantwortlich sind. Doch ist diese individualisierende Sicht immer gerechtfertigt? Das Problem geht sehr viel tiefer, denn auch unsere Vorgängergenerationen waren Prägungen ausgesetzt, die tief in ihnen gewirkt haben. Eine spannendere Frage als die nach den Schuldigen ist meiner Meinung nach die Frage nach guten Gründen, die unsere Bezugspersonen für ihr Verhalten hatten, und nach »Updates«, die wir von Generation zu Generation nutzen können. Um diesen guten Gründen auf die Spur zu kommen, brauchen wir einen weiteren Perspektivwechsel, und zwar in die Generation unserer Eltern und Großeltern.

Transgenerationale Weitergabe von Verhaltensmustern

Verschiedene Wissenschaften beschäftigen sich mit Erklärungsansätzen, wie Verhaltensweisen von Generation zu Generation weitergegeben werden. Aus der *Biologie* wissen wir, dass belastende Kindheitserfahrungen bis ins Erwachsenenalter den Hormonspiegel und die Stressphysiologie beeinflussen können, was sich wiederum auf die Folgegeneration übertragen kann.

Neuropsychologie und *Psychoneuroendokrinologie* haben herausgefunden, dass die Vorgeneration aufgrund von eigenen Traumata ein erhöhtes Risiko für Suchterkrankungen, Depressionen, Suizid, gestörte Affektregulation, Gewaltbereitschaft und mehr haben kann und damit Einfluss auf die Folgegenerationen nimmt.

Die *Pädagogik* lenkt den Blick auf das Bindungsverhalten. Eine eigene Vorbelastung kann sich auf das Bindungsverhalten auswirken und als emotionaler Rückzug, eingeschränkte Feinfühligkeit oder mangelnde Beschäftigung und Förderung des Kindes auf die Folgegeneration wirken.

In der *Epigenetik* konnten Max-Planck-Forscher:innen Hinweise darauf finden, dass Informationen auf DNA-Ebene von Generation zu Generation weitervererbt werden und somit traumatische Erlebnisse oder der Lebensstil der Vorgeneration nicht gelöscht werden, sondern bereits auf Zellebene in der nachfolgenden Generation angelegt sein können.

Es gibt ein Bild, das mir ganz schnell in den Sinn kommt, wenn ich an meine eigene Kindheit zurückdenke: Ich stehe als fünfjähriges Mädchen abends vor dem Fenster und warte darauf, dass meine Mama von der Arbeit kommt. Mich von meiner Babysitterin ins Bett bringen zu lassen, kommt für mich absolut nicht infrage. Ich vermisse meine Mama, bin verunsichert und habe keine tragfähige Bindung zu meiner Babysitterin. Statt also, wie sie mir sagt, meinen Schlafanzug anzuziehen und mir die Zähne zu putzen, bleibe ich am Fenster stehen, wickle mich in die Vorhänge ein, strecke ihr die Zunge raus oder laufe vor ihr weg. Ich lasse nichts unversucht, um die Zeit bis zur Rückkehr meiner Mutter zu überbrücken. Doch ich werde vergeblich warten, denn meine Mutter ist alleinerziehend und selbstständige Unternehmerin – ihr Kopf ist voll, genauso ihr Terminkalender, ihre Arbeitstage sind lang, genauso ihre To-do-Liste. Sie wird erst mehrere Stunden, nachdem ich meinen Widerstand aufgegeben und mich von der Babysitterin ins Bett habe bringen lassen, nach Hause kommen.

Dieser kleine Bildausschnitt vereint in sich viele Aspekte von Elternschaft, die ich heute in meiner Arbeit mit Familien und pädagogischen Fachkräften erkenne. Es geht um die unterschiedlichen Bedürfnisse der einzelnen Familienmitglieder, um Kapazitäten und

Ressourcen, um Prioritäten und Entscheidungen, um Schuldgefühle und Abgrenzungsfähigkeiten. In Familiensystemen werden Dynamiken und Beziehungsmuster reaktiviert, die aus der eigenen Prägung und Erfahrung entstanden sind. Genau deswegen halte ich es für so wichtig, statt von Schuld von guten Gründen zu sprechen und eigene Gefühle zu validieren, also ohne negative Werturteile anzunehmen.

Natürlich war es für mich als Kind sehr schwer, vielleicht sogar überfordernd, den Abend ohne meine vertraute Bezugsperson verbringen zu müssen. Natürlich habe ich Gefühle wie Traurigkeit, Einsamkeit und Wut verspürt. Als Kind war es mir nicht möglich zu verstehen, warum meine Mutter, statt bei mir zu sein, noch arbeiten muss. Ich hatte kein Konzept von Geld, Prioritäten oder Verpflichtungen. Kinder entwickeln die Fähigkeit zum Perspektivwechsel und Bedürfnisaufschub erst nach und nach. Hierfür brauchen sie Kapazität. Ein Blick in die Herausforderungen und den Alltag vorheriger Generationen schafft Klarheit darüber, warum Gefühle früher noch nicht den Raum bekommen konnten, den sie heute haben können.

Mit meiner Klientin, die sich wegen des Geschwisterstreits ihrer Kinder überfordert fühlte, erarbeiteten wir gemeinsam ihr Genogramm, also ihren Familienstammbaum. Sie selbst gehört, 1988 geboren, der Generation Y, also den Millennials und Digital Natives an. Ihre Eltern, geboren 1960 und 1962, waren in der Babyboomer-Generation geboren, also der ersten Generation nach dem Zweiten Weltkrieg. Sie erlebten das Wirtschaftswunder und sich schnell verbessernde Lebensumstände, wurden jedoch wiederum selbst von einer Generation erzogen, die teilweise noch von der »schwarzen Pädagogik« des frühen 20. Jahrhunderts und des Nationalsozialismus geprägt war, im Zweiten Weltkrieg existenzielle Not erfahren hatte und vom Überlebenskampf geprägt war.

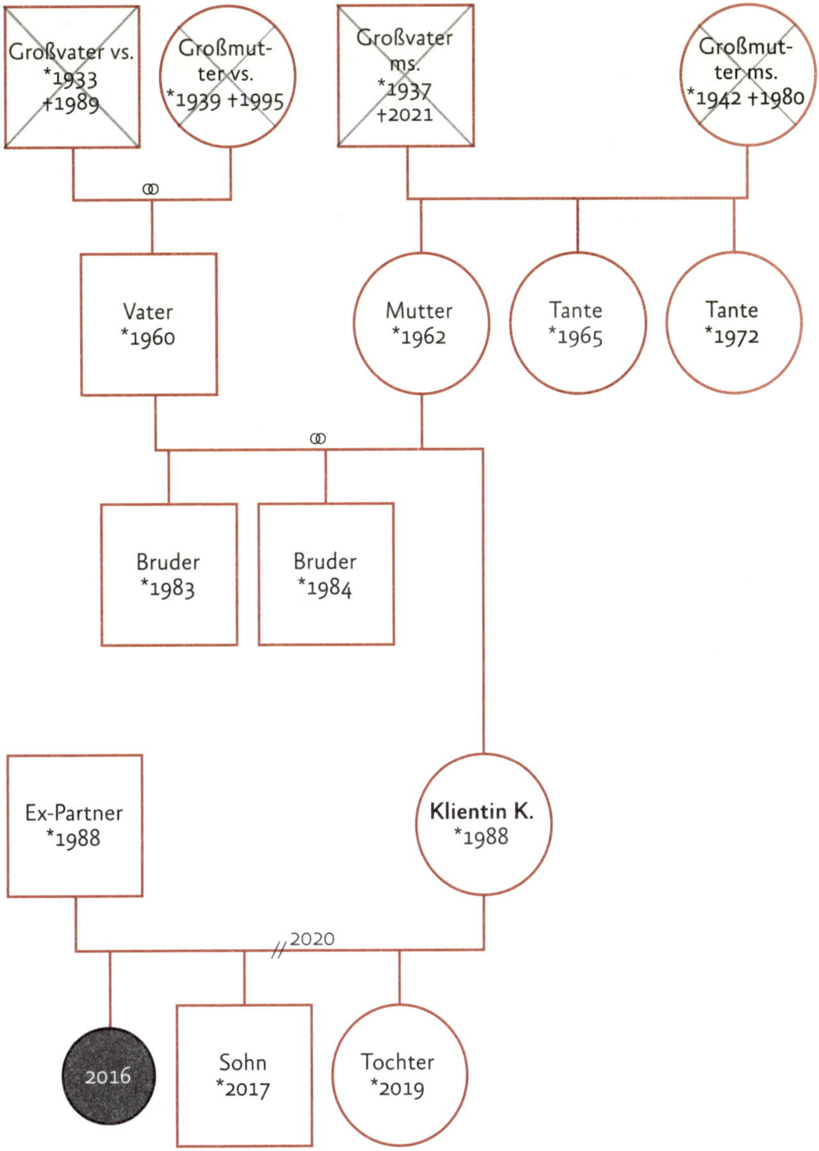

Großvater vs.
*1933
+1989
Großmut-
ter vs.
*1939 +1995
Großvater
ms.
*1937
+2021
Großmut-
ter ms.
*1942 +1980
Vater
*1960
Mutter
*1962
Tante
*1965
Tante
*1972
Bruder
*1983
Bruder
*1984
Ex-Partner
*1988
Klientin K.
*1988
2020
2016
Sohn
*2017
Tochter
*2019

Im Genogramm meiner Klientin forschten wir nach Geschwisterbeziehungen und -interaktionen. Schnell entdeckten wir, dass die Eltern der Mutter meiner Klientin sich kurz nach Geburt des jüngsten Kindes getrennt haben. Ich fragte nach, ob sie dazu mehr wisse. Es stellte sich heraus, dass das letzte Kind der Großeltern nicht geplant war und die Familienkonstellation so aus dem Gleichgewicht brachte, dass die zuvor gut aufgestellte Ehe auseinanderbrach. Die Mutter meiner Klientin machte dafür lange Zeit unterschwellig das jüngste Kind verantwortlich. Möglich ist, dass die Mutter meiner Klientin die negativen Gefühle für ihre jüngste Schwester später wiederum auf ihre jüngste Tochter übertrug und sie deswegen bei Konflikten allein ließ. Meine Klientin jedenfalls hatte es so erlebt, dass ihre Brüder ihr gegenüber immer bevorzugt wurden, während sie selbst sich unerwünscht und abgelehnt fühlte. Das erste Gefühl, das daraufhin bei meiner Klientin aufkam, war Wut darüber, so ungerecht behandelt worden zu sein. Der Blick auf die Seite des Vaters verstärkte die Wut noch mehr, denn dieser hatte als Einzelkind kein gutes Gespür für die Geschwisterdynamiken und verpasste es, sich für seine Tochter stark zu machen.

Erneut zeigt sich an diesem Beispiel, wie wichtig es ist, die eigenen Gefühle zu validieren und für sich anzunehmen. Als Kind ungerecht behandelt oder benachteiligt zu werden, ist faktisch unfair und nicht okay. Die Eltern haben die Verantwortung, ihre Rolle gut auszufüllen und liebevoll für ein Kind da zu sein. Gleichzeitig haben sie ihre guten Gründe dafür, wenn dies nicht gelingt, wie auch die Psychotherapeutin Lindsay C. Gibson in ihrem Buch *Kalte Kindheit* ausführt. Die eigenen Gefühle zu validieren und gute Gründe anzunehmen, warum die Eltern so gehandelt haben: Beides darf zusammenspielen. Es muss kein Entweder-oder, sondern darf ein Sowohl-als-auch sein. Von der Mutter meiner Klientin war es nicht okay, ihr jüngstes Kind bei Konflikten im Stich zu lassen. Gleichzeitig war sie überfordert von den eigenen aufgekommenen Emotionen und Erinnerungen, die ihr jüngstes Kind in ihr ausgelöst haben könnte.

Häufig wird mir dann entgegnet: Aber das muss man von einem erwachsenen Menschen doch erwarten können! Sicherlich ist eine fürsorgliche Begleitung Aufgabe von Eltern. Doch das Tückische ist, dass Eltern nun einmal immer wieder aus der Rolle fallen und selbst eher aus einer kindlichen Position heraus handeln. Ich lud meine Klientin ein, das von ihr erlebte Fehlverhalten ihrer Mutter aus deren Sicht zu beschreiben, und begleitete sie bei diesem Perspektivwechsel:

Stell dir deine Mutter einmal vor, in einem Moment, in dem du dich von ihr im Stich gelassen gefühlt hast. Vielleicht fällt dir eine ganz konkrete Situation ein, vielleicht ist es auch nur eine vage Erinnerung. Versetze dich richtig in deine Gefühle als Kind hinein. Was hast du in Gedanken als Kind womöglich zu deiner Mama gesagt?

Sie antwortete: Du siehst mich gar nicht. Meine Brüder sind so gemein zu mir. Ständig brechen sie die Regeln und schieben dann alles auf mich. Du glaubst ihnen immer mehr als mir. Mich schimpfst du dann oder schickst mich weg.

Da wir zuvor schon viel an der Wut gearbeitet haben, war meine Klientin recht gefasst. Also fuhr ich fort:

Jetzt stelle dir die Situation aus der Perspektive deiner Mutter vor. Versuche, euch drei Kinder mit ihren Augen zu sehen. Du weißt, dass du sie womöglich an ihre ungeliebte kleine Schwester erinnerst. Gleichzeitig bist du ihr Kind, und sie hat mit Sicherheit auch liebevolle Gefühle für dich. Erinnere dich auch an die Momente, in denen du selbst als Mutter deinen Kindern mit Härte und Ungeduld begegnet bist.

Meine Klientin war von diesem Bild sehr bewegt und fing an zu weinen. Sie konnte nachfühlen, wie schwer es für ihre Mutter war, sie zu lieben, weil sie nie einfach nur ihre Tochter in ihr sehen konnte, sondern immer auch den Schmerz über die Trennung der Eltern, den ihrer Meinung nach ihre kleine Schwester zu verantworten hatte.

Mir geht es ja ganz ähnlich! Wenn ich meine Kinder im Streit ansehe, dann sehe ich gar nicht ihre Probleme und dass sie Hilfe brauchen. Ich sehe nur mich selbst als kleines Mädchen, das sich verlassen fühlt. Dabei will ich doch mein Bestes geben und es besser machen – und trotzdem tappe ich in die gleiche Falle wie meine eigene Mutter.

Transgenerationale Muster wie diese begegnen mir in nahezu jeder Familie, mit der ich zusammenarbeite. Manchmal sind die Parallelen wie bei meiner Klientin sehr traurig, manchmal entsteht dabei, mit etwas selbstkritischer und humorvoller Distanz betrachtet, auch eine gewisse Situationskomik. So war es bei einem Vater, der meine Beratung in Anspruch nahm und der immer wieder damit haderte, dass sein eigener Vater kaum Zeit mit ihm verbracht hatte. Er hatte ihn nur abends vor dem Zubettgehen erlebt, weil er den ganzen Tag lang arbeitete und beschäftigt war. Die einzigen Momente der Zuwendung erlebte er, wenn er gute Noten präsentieren konnte und dafür gelobt wurde. Lob ist jedoch, wie Alfie Kohn, Autor und Vater von zwei Kindern, in seinem Buch *Liebe und Eigenständigkeit* zeigt, nicht mit echter Wertschätzung gleichzusetzen, sondern durchaus kritisch zu sehen. Obwohl meinem Klienten sehr deutlich in Erinnerung war, wie sehr er sich als Kind Zeit mit seinem Vater gewünscht hätte und wie sehr er ihn vermisst hatte, arbeitete er selbst bis zu zwölf Stunden am Tag und bekam seine eigenen Kinder meist nur morgens kurz zu Gesicht. Die Vermutung liegt nahe, dass er hungrig nach Anerkennung war, weil das oberflächliche Lob seines Vaters nie dafür gesorgt hat, dass er sich wirklich gesehen gefühlt hat. Er glaubte, Anerkennung nur über Leistung zu erhalten, sodass der unbewusste Antrieb, auf der Arbeit zu performen, stärker war, als das transgenerationale Muster des Leistungsgedankens zu durchbrechen.

In anderen Familien scheint es gar keine Parallelen zu geben. Dann ist vielleicht der Wunsch, es anders als die eigenen Eltern zu machen, so groß, dass um jeden Preis verhindert wird, auch nur irgendetwas annähernd Ähnliches zu tun. Doch auch hierbei handelt es sich letztlich nicht um eine freie Entscheidung, sondern lediglich um eine umgeleitete Reaktion auf den transgenerationalen Einfluss.

Die Macht der Prägung

Wir können nur nach bestem Wissen und Gewissen handeln. Ich denke oft an die Eltern, die ihre Kinder in der Zeit des Nationalsozialismus mit dem Einfluss des Erziehungsratgebers *Die deutsche Mutter und ihr erstes Kind* von Johanna Haarer erzogen haben. Ich durfte einmal an einer Familienaufstellung teilnehmen, bei der ich dazu eine sehr bewegende Erfahrung gemacht habe.

Familienaufstellungen

Familienaufstellungen sind eine Methode der systemischen Therapie, bei der Personen stellvertretend für Mitglieder des Familiensystems im wahrsten Sinne des Wortes im Raum »aufgestellt« werden. Die Indexperson, um deren Familie es geht, bringt ein Anliegen mit und wählt Stellvertreter:innen für die verschiedenen Familienmitglieder aus. Diese werden im Raum positioniert. Die Methode wird von einer ausgebildeten Aufstellungsleitung durchgeführt, die zum Beispiel die einzelnen Stellvertreter:innen zu ihren Gedanken und Gefühlen befragen oder Bewegungen koordinieren kann. Die Indexperson beobachtet wahlweise nur oder ist Teil der Aufstellung. Dabei können Dynamiken, Zusammenhänge, Gefühle und auch Lösungswege sichtbar werden. Eine zentrale Rolle spielt dabei die Resonanz und Rückmeldung der Stellvertreter:innen, die der Indexperson ermöglicht, den Blick auf das Familiensystem zu erweitern.

Bei der Aufstellung, an der ich teilnehmen durfte, hatte die Klientin ihre Mutter aufgestellt, die sie zeitlebens als desinteressiert und kalt erlebt hatte. Zunächst beobachtete ich die Aufstellung als Außenstehende und nahm die aufgestellte Mutter als beinahe kognitiv eingeschränkt wahr. Ihre Tochter, die Klientin, versuchte, ihr zu erklären, wie verletzend dieses Verhalten immer für sie war, doch die Mutter schien es einfach nicht begreifen zu können. Ich wurde als Großmutter hinzugezogen und sah die Mutter nun als meine Tochter an. Auf einmal war ich völlig ergriffen und brach in Tränen aus. Ganz intuitiv kam mir das Bild von dem Baby in den Sinn, das weinend in seiner Wiege lag, doch ich als seine Mutter durfte nicht hingehen. Tatsächlich war die Mutter der Klientin genau in der Kriegszeit geboren, und es bestätigte sich, dass sie genau mit diesen Anweisungen erzogen wurde: Schreien stärkt die Lungen und härtet ab, das Kind soll möglichst viel allein bleiben und jegliche Interaktion so kurz wie möglich gehalten werden. Ich fühlte den Schmerz, die Schuld und Scham der Großmutter gegenüber ihrer Tochter. Immer wieder dachte ich nur diesen einen Satz: »Ich durfte nicht anders!« Ich hatte in mir den Impuls, meine Tochter, das kleine Baby, in den Arm zu nehmen, sie zu beruhigen und für sie da zu sein, doch ich sollte nicht. Ich dachte, ich kenne mich eben nicht mit Babys aus und tue mein Bestes.

Auch wenn es bereits zu Zeiten von Johanna Haarer kritische Stimmen gegen ihre Methoden gegeben hat, so wurden allein von der Veröffentlichung 1934 bis Kriegsende 690.000 Exemplare verkauft. Seit diesem Erlebnis in der Aufstellung empfinde ich großes Mitgefühl und Verständnis für unsere Vorgenerationen. Ich bin pädagogisch ausgebildet und kann dieses Buch auch nur nach meinem neusten Wissensstand und in bester Intention schreiben. Womöglich werden in zwanzig, fünfzig und hundert Jahren weitere Erkenntnisse gewonnen oder andere Intentionen notwendig sein. Das Wissen zur Bindungstheorie beispielsweise, die einen völlig neuen Blick auf das erste Lebensjahr des Säuglings erlaubt hat, ist unter John Bowlby und Mary Ainsworth erst nach dem Zweiten Weltkrieg entstanden. Heute glauben wir daran, dass starke Bindungen, Individualität und Vielfalt tragfähig für die Zukunft sind.

Wir dürfen also genauso wie uns selbst und unseren Kindern auch den vorherigen Generationen auf Augenhöhe begegnen und gute Gründe annehmen, auch wenn wir nach wie vor mit den Folgen davon zu kämpfen haben. Genauso wie unsere Kinder Folgen unserer Begleitung und unseres aktuellen Wissensstandes verarbeiten werden müssen. Seit ich selbst Familie habe und regelmäßig in die Situation komme, mich mal unfair oder adultistisch zu verhalten, fällt es mir ungemein leichter, auch meinen Eltern gegenüber Verständnis für ihr Verhalten in meiner Kindheit aufzubringen. In Kombination mit der Validierung der eigenen Gefühle ist das ein sehr gesunder Weg, die Balance aus Verarbeitung und Loslassen zu finden.

Bedürfnisse im Familiensystem ausbalancieren

Wenn wir unseren Blick bewusst auf die guten Gründe und die Herausforderungen und Voraussetzungen der jeweiligen Generationen und Einzelpersonen lenken, können wir entdecken, dass jeder Elternteil sein Bestes gibt. Wir Kinder unserer Eltern werden immer deren Fehler leicht erkennen können, weil wir die Leidtragenden sind. Doch wenn wir auch die fehlenden Ressourcen, den Wissensstand und weitere Umstände unserer Eltern mit in unsere Betrachtung einbeziehen, werden wir feststellen, dass selbst hinter dem scheinbar böswilligsten Verhalten der Versuch steckt, das Richtige zu tun. Darauf geht Lindsay C. Gibson in *Kalte Kindheit* tiefer ein: Manchmal gibt es auch Aspekte in unseren Familien, die für Außenstehende nicht zu erkennen oder nur zu erahnen sind.

Sein Bestes geben – das bedeutet für jeden von uns etwas anderes. Gerade weil viele von uns antreibende Glaubenssätze in sich tragen, ist das sogar tückisch. Denn Kinder dabei zu begleiten, ihre Persönlichkeit zu entfalten und ihren Weg zu entdecken, bedeutet nicht, sie vor jeglicher Frustration zu bewahren und sämtliche Hürden zu beseitigen. Ganz im Gegenteil! Es ist sogar wichtig für eine gesunde Entwicklung von Kindern, dass sie mit Frustrationen konfrontiert werden und lernen, mit diesen umzugehen. Hier dürfen wir unterscheiden zwischen natürlichen Frustrationen, die ohne unser Zutun entstehen, solchen, die nach gründlicher Abwägung notwendig sind, oder solchen, die tatsächlich zu vermeiden sind. Diese Unterscheidung kann im Alltag unglaublich hilfreich sein, um ein Gespür dafür zu entwickeln, welche Konflikte wir eingehen und an welchen Stellen wir nachgeben können.

Eltern, die die Bedürfnisse und Rechte ihrer Kinder achten wollen, können leicht in die von mir so genannte »BO-Falle« tappen. BO steht hier für Bedürfnisorientierung. Dann haben die Bedürfnisse des Kindes zu jeder Zeit und um jeden Preis höchste Priorität. Das Kind wird also getragen, auch wenn der eigene Rücken schon schmerzt. Oder der Besuch bei den Bekannten wird abgesagt, weil das Kind nicht bereit ist, sich anzuziehen. Ein solcher Ansatz ist jedoch nicht nachhaltig, da er impliziert, dass Bedürfnisse anderer Familienmitglieder wie der Eltern kontinuierlich übergangen werden. Bedürfnisaufschub ist eine großartige Fähigkeit und in einer gesunden Dosis stärkt sie unser Miteinander. Wenn jedoch die Bedürfnisse der Erwachsenen gar keinen Raum bekommen, stellt der ständige eigene Bedürfnisaufschub eine Grenzüberschreitung dar. Da der Körper klug ist und uns mit Gefühlen auf Missstände hinweist, werden wir darüber wütend werden. Je länger dieser Zustand anhält, umso mehr Wut wird sich in uns anstauen. Zusätzlich kann es sein, dass hinter unserem ungesunden Bedürfnisaufschub ein dysfunktionaler Glaubenssatz wie »Ich darf niemandem zu Last fallen« oder »Ich bin für die Zufriedenheit aller verantwortlich« steht. Solche Sätze mögen uns dabei dienen, den Bedürfnisaufschub länger auszuhalten, jedoch reaktivieren wir damit auch alte Wunden und vertiefen sie, anstatt neue, gesunde Muster zu etablieren.

Für einen ausbalancierten Familienalltag ist wichtig, dass die Bedürfnisse aller berücksichtigt werden. Sowohl Erwachsene als auch Kinder können üben, gesunde Grenzen zu setzen und gleichzeitig mal verzichten oder nachgeben zu können. Wir unterscheiden dabei unvermeidbare von vermeidbaren Frustrationen.

Unvermeidbare Frustrationen

Dazu zählen all die Vergeblichkeiten, die wir nicht ändern können, selbst wenn wir gern wollten, sowie die Frustrationen, die nötig und sinnvoll sind. Unsere Kinder haben nun einmal die Größe, Kraft und Fähigkeiten, die sie eben haben. Sie werden niemals mit einer Wolke kuscheln können, auf den Zweigen einer Baumkrone balancieren oder ein Pony hochheben können. Weil die Fantasie von Kindern grenzenlos ist, begegnen sie diesen – für uns teilweise absurd wirkenden – Frustrationen Tag für Tag. Sie werden jeden Abend müde und schlafen ein, so schön der Tag auch gewesen sein mag. Sie werden jeden Tag hungrig und brauchen Essen, so vertieft sie auch in ihr Spiel sein mögen. Die Sonne wird jeden Tag untergehen, so viel Spaß die Schattenspiele in der Dämmerung auch machen.

Wie können wir mit unvermeidbaren Frustrationen im Familienalltag sinnvoll umgehen? Genauso wie Gefühle können wir auch die Erkenntnisse, die Kinder haben, validieren. Wichtig ist, immer ehrlich und altersgerecht mit den Vergeblichkeiten des Lebens, also all dem, was wir nicht beeinflussen können, umzugehen und keine Lügen zu wählen oder falsche Hoffnungen zu machen. Als Leitlinie zum altersgerechten Umgang dient die Maxime »vom Groben zum Feinen«: Wir bleiben zunächst oberflächlich und vage, nur auf Nachfrage des Kindes erklären wir detaillierter. Dieses Vorgehen ist zum Beispiel bei der Konfrontation des Kindes mit dem Thema Tod denkbar. Etwa ab dem Kindergartenalter fangen Kinder an, sich mit dem Tod zu beschäftigen. Das Schwierige an Gesprächen über den Tod sind meist die eigenen Ängste und belastenden Gefühle dazu. Wir sollten diese Gefühle im Gespräch gut regulieren, um sie nicht auf unsere Kinder zu übertragen. Helfen kann, sich die Unterhaltung als eine Art Sachgespräch vorzustellen, um etwas emotionale Distanz zu gewinnen. Auch auf Fragen wie »Wirst du sterben?« antworten wir ehrlich und emotional präsent, beispielsweise mit: »Ja, jeder von uns stirbt irgendwann.« Auf Nachfrage des Kindes, wann wir sterben, können wir sagen: »Das weiß niemand genau.« Die Frage, ob das heißt, dass wir jeden Moment sterben können, offenbart eine Verunsicherung, die wir auffangen dürfen: »Meistens sterben Menschen erst, wenn sie lange gelebt haben. Aber auch Krankheit oder Unfälle können Gründe sein. Deswegen ist wichtig, dass wir gut auf uns achtgeben. Der Tod gehört zum Leben dazu.«

In akuten Trauerfällen ist die Konfrontation mit der Unvermeidbarkeit des Sterbens natürlich deutlich härter. Dann geht es primär darum, das Kind in der Trauer zu begleiten und ihm Halt zu vermitteln. Professionelle Begleitung oder eine tiefer gehende Beschäftigung können hier sinnvoll sein.

Eine andere in Familien häufig auftretende natürliche Frustration ist die »Entthronung« des erstgeborenen Kindes, wenn ein weiteres Familienmitglied dazustößt. Manchen Kindern geht es damit nicht gut. Ihr Alltag verändert sich mit der Geburt radikal. Eben noch waren sie das Zentrum der Familie, und auf einmal müssen sie sich diesen Platz teilen. Einer der wichtigsten Tipps für eine gelingende Geschwisterbeziehung ist, das Baby nicht zu »beschuldigen«. Das passiert häufig völlig unbewusst: »Wir können jetzt leider nicht auf den Spielplatz gehen, das Baby ist gerade erst in seinem Bettchen eingeschlafen.« – »Du musst jetzt wirklich leise sein, sonst weckst du das Baby auf.« – »Ich kann dich jetzt nicht Huckepack nehmen, ich muss ja schon das Baby tragen.« Dass hier Aggressionen gegen den oder die »Übeltäter:in« entstehen können, ist leicht nachvollziehbar. Auf der einen Seite können alternative Formulierungen helfen: »Jetzt gerade können wir leider nicht auf den Spielplatz gehen, aber heute

Nachmittag machen wir das.« – »Während der Mittagsruhe sind wir leise.« – »Tragen kann ich dich gerade leider nicht, ich brauche meine Hände frei. Zuhause nehme ich dich gerne auf den Schoß.« Die Zeit, in der sich das Familiensystem neu sortiert, kann für alle Beteiligten sehr herausfordernd sein und bedarf Geduld und Vertrauen darauf, dass nach einer Zeit des Umbruchs immer auch wieder eine Zeit der Ruhe einkehrt, gerade wenn der Fokus auf das Validieren der Gefühle aller Familienmitglieder gerichtet ist und damit nach und nach jeder gesehen und gehört wird.

Eine letzte beispielhafte Situation für unvermeidbare Frustrationen ist die Reaktion von Kindern auf die Trennung der Eltern. Wenn diese Kinder gefragt werden, was sie sich wünschen würden, antworten viele noch lange Zeit nach der Trennung (insbesondere, wenn sie die Eltern gemeinsam erlebt haben), dass sie wieder zusammenkommen sollen. Das gilt selbst, wenn die Trennung eigentlich mehr Ruhe und Harmonie ins Familiensystem gebracht hat. Mit allen Kindern, egal welchen Alters, sollte ein solcher Umbruch in der Familie besprochen werden. Auch hier können wir, insbesondere bei jüngeren Kindern, klar benennen, was passiert, und allgemein mit äußeren Faktoren beginnen:

»Mama und Papa trennen sich. Das heißt, hier zuhause werde nur noch ich mit dir spielen. Papa/Mama wird ein anderes Zuhause haben, wo ihr spielen könnt. Ihr seht euch weiter, nur nicht mehr so oft.« Älteren Kindern (etwa ab dem Grundschulalter) kann man auch weiterführende Fragen beantworten: »Früher haben wir uns sehr gut verstanden. Doch jetzt haben wir so großen Streit, dass wir ihn nicht lösen können und deswegen lieber auseinandergehen wollen. Leider passiert das manchmal bei Eltern.« Wichtig ist auch hier, dass wir die Verunsicherung des Kindes auffangen, die Verantwortung übernehmen und Sicherheit vermitteln: »Wir sind für immer deine Eltern, wir werden dich für immer lieb haben und für dich da sein. Wir bleiben als Familie ein Team, auch wenn sich manches verändern wird.«

Allein diese Worte bieten natürlich nur eine Orientierung für all die Prozesse, die im Eisbergmodell, das ich im ersten Kapitel vorgestellt habe, unter der Wasseroberfläche ablaufen. Nicht immer gelingt es sofort, eine Trennung kindgerecht zu gestalten, weil verletzte Gefühle, Stolz oder auch Grenzüberschreitungen im Spiel sind. Eltern sollten immer wieder das Wohl der Kinder zur Priorität machen, auch in einer turbulenten und schwierigen Phase wie einer Trennung. Dies ist eine der Situationen, in der es ein Zeichen von Reife und Stärke ist, die Begleitung und Unterstützung von entsprechend ausgebildeten Fachkräften anzunehmen.

Es gibt unvermeidbare Frustrationen, die wir jedoch aufschieben können und bei denen wir somit etwas mehr Handlungsspielraum haben. Für oder gegen solche aufschiebbaren Frustrationen können wir uns im Alltag entscheiden, basierend auf unseren Werten, sinnvollen Routinen und Rahmenbedingungen, die unser Familienleben abstecken. Klassischerweise zählen hierzu die tägliche Körperpflege, die individuelle Ordnung und Sauberkeit einer Familie, für die gesorgt wird, oder Abläufe, die von äußeren Faktoren beeinflusst werden. Wichtig ist, als Familie immer wieder zu prüfen, welche Routinen und Abläufe wirklich sinnvoll sind und welche nicht. Je klarer die eigene Haltung, umso klarer wird auch unsere Ausstrahlung gegenüber dem Kind sein. Allein schon das macht einen Unterschied.

Vermeidbare Frustrationen

Zu den vermeidbaren zählen auch nur scheinbar notwendige Frustrationen, die du umgehen könntest. Dir kann beispielsweise wichtig sein, dass ihr als Familie jeden Tag um acht Uhr das Haus verlasst, damit du früh genug mit der Arbeit beginnen kannst, um die Kinder nachmittags nicht zu spät abzuholen. Die Kinder erleben dadurch morgens jedoch die Frustration, dass sie ihr Spiel abbrechen müssen oder gar nicht erst vor der Betreuung spielen können. Du könntest diese Frustration vermeiden, indem du später anfängst zu arbeiten. Hier eröffnet sich der besagte Spielraum: Du kannst mit den Leitfragen aus dem ersten Kapitel eine fundierte Entscheidung über die Momente treffen, in denen es zu Frustrationen kommt oder eben nicht. Du könntest deinen Kindern den Frust ja ersparen oder ihn zumindest aufschieben, indem ihr alle später aus dem Haus geht. Bei der Frage »Muss das *jetzt* sein?« könntest du jedoch zu dem Ergebnis kommen, dass es für euch als Familie sinnvoller ist, morgens zeitnah aus dem Haus zu gehen, weil euch eine halbe Stunde mehr Zeit am Nachmittag mehr wert ist als am Morgen.

Dieses Beispiel verdeutlicht ganz wunderbar, warum ich wenig von allgemeingültigen Tipps für Eltern halte: Niemals können dabei all die zahlreichen offenen und verdeckten Aspekte berücksichtigt werden, die in einer Familie eine Rolle spielen. In der einen Familie läuft das Zähneputzen mit Liedern und Fingerspielen ganz harmonisch ab, in der anderen Familie wird über Jahre vergeblich jeder Trick ausprobiert, und es findet sich doch keine zufriedenstellende Lösung. Das sei an dieser Stelle einmal in aller Deutlichkeit gesagt: Eltern sind konfrontiert mit unzähligen Anforderungen und Erwartungen, die zum einen teilweise oft konträr und zum anderen völlig unrealistisch sind. Aus Sicht des Arbeitgebers sollte man womöglich am besten maximal während des Mutterschutzes nicht arbeiten, aber man soll sein Kind auch nicht so früh in die Betreuung geben, denn das könnte ja der Bindung schaden. Kinder sollen in geordneten finanziellen Verhältnissen aufwachsen, aber wer (leider nach wie vor besonders als Mutter) mehr als dreißig Stunden arbeitet, der sollte sich schon einmal fragen, wofür man eigentlich ein Kind bekommen hat. Im Kindergarten ist es dann vielleicht vorübergehend okay, sein Kind bis fünfzehn oder sechzehn Uhr betreuen zu lassen, aber dann bitte nicht früher abholen, sonst passt das mit den Buchungszeiten nicht. Zur Musikschule und zum Sportverein sollte das Kind natürlich auch gehen, aber da beginnen alle Kurse um vierzehn Uhr. Mit dem Grundschuleintritt ist das Kind dann schlagartig nur noch bis zwölf Uhr betreut, aber es braucht ja schließlich auch ein warmes Mittagessen zuhause! Plätze in der Nachmittagsbetreuung gibt es leider nur für Eltern, die Vollzeit arbeiten. Wenn das Kind nach der Schule allein nach Hause gehen muss, ist es ein armes Schlüsselkind, wenn die Eltern vor der Schule warten, sind sie Helikoptereltern, die ihrem Kind nichts zutrauen. Die Hausaufgaben sind so ausgelegt, dass das Kind sie allein schaffen soll. Wenn das Ergebnis dann aber voller Fehler ist, fragt man sich schon: Hat das Kind denn zuhause keine Hilfe?

Ich denke, es wird deutlich, worauf ich hinauswill. Genau deswegen bin ich eher zurückhaltend mit allgemeinen Ratschlägen und bevorzuge die individuelle Arbeit oder Beispiele. Jede Familie sollte wirklich ihren eigenen Weg finden, gerne gestützt auf Wissen und Methoden und inspiriert von anderen, aber eben doch individuell und abgestimmt.

Nach zwei Stunden Einschlafbegleitung sagst du mir, dass du mal eben kurz aufs Klo gehst. Ich höre deine Schritte, höre das Wasser laufen, aber es dauert irgendwie lange. Schließlich fallen meine Augen zu, ohne dass du neben mir sitzt.

Das ist okay. Mir wäre abends immer am liebsten, du wärst bei mir. Doch du weißt, dass ich es auch schaffen kann, ohne dich einzuschlafen. Du schläfst deutlich besser, wenn jede:r von uns im eigenen Bett schläft, und du merkst, dass du mit ruhigeren Nächten auch die Tage ruhiger meistern kannst. Du weißt auch, dass es sinnlos und kontraproduktiv wäre, zwei Stunden nach der Bettgehzeit noch ein Gespräch oder gar eine Diskussion anzufangen darüber, dass ich wenigstens versuchen sollte, alleine einzuschlafen. Also wählst du, den Raum zu verlassen und so meinen Fokus von dir weg hin zum

Loslassen des Tages zu lenken. Hätte ich Angst oder würde mich überfordert fühlen, würde ich nach dir rufen und ich weiß: Du kommst zurück.

Wir sitzen am Tisch und essen Kekse. Wir sind ausgelassen und erzählen einander lustige Geschichten. Plötzlich muss ich so loslachen, dass all die Krümel aus meinem Mund über den Tisch fliegen. Das ärgert dich, und du sagst wütend: »Ach komm, bitte pass doch ein bisschen auf!«

Das ist okay. Dir ist wichtig, dass ich lerne, auf andere, ihre Bedürfnisse und ihre Grenzen zu achten. Auch deine Wut darf sichtbar sein, solange sie nicht verletzend mir gegenüber wird. Sie zeigt mir deine Grenzen auf, und wenn ich mich erschreckt habe, weil dein Tonfall plötzlich so scharf wurde, weiß ich: Du fängst mich danach auf.

Wir müssen los. Ich kämpfe mit dem störrischen Stiefel, bekomme ihn einfach nicht an. Mir kommen schon die Tränen, und doch will ich es selbst schaffen. Du sagst nicht viel, ziehst ihn mir an und nimmst mich auf den Arm. Ich protestiere! Ich wollte das allein schaffen!

Das ist okay. Du bist erwachsen und setzt die Prioritäten in unserem Alltag. Du hast im Blick, dass es ausreichend Situationen gibt, in denen ich meine Selbstwirksamkeit ausleben und lernen kann, Dinge selbstständig zu tun. Gleichzeitig achtest du darauf, dass wir pünktlich loskommen, damit ich den Morgenkreis in der Kita nicht verpasse und dort gut ankommen kann. Wenn ich mich darüber ärgere, dass es manchmal anders läuft, als ich es mir vorstelle, weiß ich: Du bist für mich da.

Eine ganz simple Methode, um unnötige Frustrationen im Alltag zu identifizieren, ist folgende: Begib dich auf eine Entdeckungsreise durch dein eigenes Zuhause. Stell dir vor, du bist so groß wie dein Kind – vielleicht knapp einen Meter. Was siehst du aus dieser Perspektive? Kannst du aus dieser Höhe erkennen, ob ein Lappen in der Spüle liegt oder nicht? Oder das Malpapier auf dem Tisch? Was erreichst du aus etwa einem Meter Höhe und woran wirst du allein nicht kommen?

Betrachte auch einmal den Wohnbereich deines Kindes aus dieser Perspektive und frage dich, wie viel Selbstwirksamkeit und Orientierung es dort wirklich erlebt. Kann es sich bevorzugtes Spielzeug selbst nehmen? Hat es einen guten Überblick darüber, was vorhanden ist? Sind andererseits gefährliche Gegenstände außerhalb der Reichweite deines Kindes platziert?

Erweitere diese Entdeckungsreise um deinen Wohnort. Stell dir vor, du könntest keine Schilder oder Beschriftungen lesen. Du würdest nicht wissen, wie der Weg zum Supermarkt ist, oder könntest Situationen im Straßenverkehr noch nicht abschätzen. Male dir aus, mit wie vielen Hürden und natürlichen Frustrationen dein Kind tagtäglich konfrontiert ist. Ich lasse mich auf diese Erfahrung immer bewusst im Urlaub in Griechenland ein. Dort verstehe ich die Sprache nicht, ich kenne mich nicht aus, und ich kann mich viel schlechter orientieren, weil die meisten Informationen in der für mich unlesbaren griechischen Schrift geschrieben sind. Mich macht diese Erfahrung immer sehr demütig, und ich bewundere die unbändige Wissbegier und Lernbereitschaft von Kindern, die sich Stück für Stück die Welt erschließen. Zudem ist sie eine große Unterstützung dabei, dem Kind gegenüber milde im Herzen zu bleiben. Auch kann die Übung dabei helfen, unnötige Frustrationen abzuschaffen, indem beispielsweise das Kinderzimmer so eingerichtet wird, dass das Kleinkind sich ohne Hilfe Papier und Buntstifte nehmen kann. Genauso wie deutlich wird, wo ein klarer Rahmen nötig wird, wenn es nämlich um die Tüte mit dem Glitzerpulver geht, das nur unter Aufsicht genutzt werden und deswegen nicht ohne Hilfe für das Kind erreichbar sein soll.

STELL DICH NICHT SO AN!

Mit Co-Regulation von der Problemtrance zur Lösungsorientierung

Ich weiß es schon beim Abendessen. Es geht mir durch den Kopf, und ich werde unruhig. Ich zögere alles hinaus. Zappele auf meinem Stuhl. Knabbere in Zeitlupe an meinem Abendbrot. Ihr sagt: »Setz dich richtig hin! Hör auf zu zappeln! Iss ordentlich!«

Ich weiß nicht, was genau ich bei diesen Aufträgen machen soll, denn ich weiß nicht, was »richtig sitzen« oder »ordentlich essen« eigentlich bedeutet. Deine Strenge verunsichert mich noch mehr, und so passiert vor lauter Gezappel das Unglück, und ich stoße versehentlich mein Wasserglas um. Du erschrickst und motzt mich direkt an: »Na toll, jetzt sieh nur, was du angerichtet hast! Los, ab mit dir ins Bad!«

Ich schäme mich, denn ich wollte das Glas nicht umwerfen, mir geht es nur jeden Abend so schlecht, wenn ich schon weiß, dass gleich das Zähneputzen dran ist. Langsam steigen mir die Tränen in die Augen, aber um dich nicht noch mehr zu verärgern, gehe ich ins Bad. Du kommst dazu, bist immer noch wütend, bereitest schweigend die Zahnbürste vor und baust dich vor mir auf: »Mund auf!«

Ich schaffe es einfach nicht. Ich möchte ja gerne folgen, aber die Vorstellung, dass wieder in meinem Mund herumgestochert wird und ich den ekligen Geschmack der Zahnbürste schmecken muss, lässt mich meine Lippen fest zusammenkneifen. Je länger du auf mich einredest, umso wütender wirst du. Je wütender du wirst, umso ängstlicher werde ich. Du kommst mir schon immer näher, doch als mein Mund immer noch verschlossen bleibt, packst du mich unter den Arm und drückst mir die Zahnbürste einfach in den Mund. Ich fange an zu weinen. Du sagst: »Jetzt stell dich nicht so an!«, und das lässt mich noch mehr weinen.

Schließlich ist es endlich überstanden, und du sagst: »War doch nicht so schlimm.«

Ich hasse Zähneputzen. Mit jedem Mal, wenn es so läuft, ein bisschen mehr.

Was Kinder brauchen, um zu widerstandsfähigen Erwachsenen heranwachsen zu können, sind stabile und verlässliche Beziehungen. In diesen Beziehungen erfahren sie nicht nur Liebe, Zuwendung und Interaktion, sondern auch Co-Regulation. Damit ist gemeint, dass wir als Eltern die eigenen ruhigen Gefühle auf das emotional aufgewühlte Kind übertragen. Co-Regulation wird im Zusammenhang mit bedürfnisorientierter Begleitung von Kindern immer wieder thematisiert. Dennoch ist es weder selbstverständlich noch leicht, sie im Alltag mit Kindern umzusetzen. Voraussetzung für gelingende Co-Regulation ist die Fähigkeit der Mentalisierung, also den Gefühlsausdruck und das Verhalten des Gegenübers zu interpretieren, indem Annahmen über Gedanken, Gefühle, Einstellungen und Wünsche angestellt werden.

Mentalisierung:
Fähigkeit, den Gefühlsausdruck und das Verhalten des Gegenübers zu interpretieren, indem Annahmen über Gedanken, Gefühle, Einstellungen und Wünsche angestellt werden

Babys entwickeln die Fähigkeit zur Mentalisierung in den ersten Lebensmonaten in einer sicheren Bindungsbeziehung zur Bezugsperson. Mentalisierung entsteht in diesem sozialen Austausch. Untersuchungen zeigen, dass sich beispielsweise die Herzrhythmen anpassen oder Gehirnwellen synchronisieren, wenn Bezugsperson und Baby miteinander spielen.

Grundsätzlich sprechen wir von gelingender Co-Regulation, wenn wir in Momenten der emotionalen Erregung unserer Kinder selbst bei uns und ruhig bleiben. Wir dürfen dabei unsere eigenen Grenzen achten und verteidigen, wir müssen uns nicht wehtun lassen und können lernen, selbst zu bestimmen, welche Aussagen uns verletzen und welche nicht. Das gelingt, indem wir Reiz-Reaktions-Muster erkennen, reflektieren und neu verknüpfen.

Das alte Reiz-Reaktions-Schema durchbrechen

Ein typischer Reiz wäre, wenn das Kind zum wiederholten Male das »Stopp« des Elternteils »überhört« und weiter das Haustier ärgert. Der Elternteil fühlt sich immer weniger selbstwirksam und dafür immer hilfloser und verzweifelter, packt schließlich das Kind und stellt es ruppig in sein Zimmer, begleitet von einer Schimpftirade im Stil von »Wie oft soll ich dir noch sagen, du sollst nicht …!« Gelungene

Co-Regulation hingegen wäre, wenn der Elternteil erkennt, dass das Kind gerade nicht kooperieren kann, und ruhig, aber bestimmt eingreift und Kind und Haustier trennt.

Der große Unterschied liegt darin, wie der:die Erwachsene den Reiz bewertet. Bei der erstgenannten, schroffen Reaktion geht der Elternteil unbewusst davon aus, dass die Situation bedrohlich ist. Eigene Bedürfnisse werden mit dem Verhalten des Kindes übergangen. Das kann im Hier und Jetzt unangenehm sein, aber auch negative Erinnerungen hervorrufen, in denen das Bedürfnis übergangen worden war und der Handlungsspielraum als Kind noch viel kleiner war. Obwohl die Situation als Erwachsene:r zu bewältigen wäre, fühlt es sich überfordernd an, weil aus einer kindlichen Rolle heraus gehandelt wird.

Bei der zweiten Reaktion hingegen bleibt der Elternteil souverän in der elterlichen Führungsrolle. Das gelingt, weil die friedvolle Lösungsleiter zum Einsatz kommt.

Die friedvolle Lösungsleiter

Sowohl die kleinen Herausforderungen des Alltags als auch als besonders bedrohlich erlebte Situationen (und das können durchaus auch vermeintliche Kleinigkeiten sein), lassen sich weitaus leichter bewältigen, wenn wir einen klaren Handlungsplan haben, an dem wir uns orientieren können. Hierfür habe ich die friedvolle Lösungsleiter entwickelt, an der wir uns Sprosse für Sprosse entlanghangeln können. Die Struktur der friedvollen Lösungsleiter zielt sowohl auf die Ebene des Verhaltens, also des sichtbaren Teils vom Eisbergmodell, als auch auf die der unsichtbaren Haltung ab. Dadurch, dass die Leiter die Gedanken und unbewussten Gefühle und Bedürfnisse der Beteiligten mit einbezieht, ist sie ein sehr nachhaltiges Werkzeug.

Gleichzeitig verhilft sie zu schnell umsetzbaren und ganz praktischen Handlungsmöglichkeiten, weil sie eine sehr griffige Entscheidungshilfe darstellt, wenn es darum geht, friedvollere Wege der Begleitung zu finden. Zusätzlich habe ich für das Konzept der friedvollen Lösungsleiter zwei Ansätze kombiniert: Erwachsene und Kinder sind gleichwertig, die Verantwortung liegt aber allein auf der Erwachsenenseite. Damit ist die Leiter zum einen eine Stütze, wenn wir adultistische Verhaltensweisen loslassen wollen, und sie hilft uns zum anderen, neue partizipative Handlungsmöglichkeiten zu entdecken, die die Bedürfnisse und Gefühle aller Beteiligten beachten.

1. Realistische Erwartungshaltung

Es ist leicht, sich wegen des Entwicklungsstands des eigenen Kindes verrückt zu machen. Besonders wenn Eltern sich über Meilensteine der Kinder austauschen und das eigene Kind womöglich aus der Reihe tanzt, fangen die Sorgen über mögliche Entwicklungsverzögerungen, Auffälligkeiten oder Störungen an. Doch es gibt viel Spielraum dabei, zu welchem Zeitpunkt das Kind welche Fähigkeiten erwerben muss. Vorsorgeuntersuchungen in der kinderärztlichen Praxis sowie eine achtsame Beobachtung entweder in der Familie oder auch in der Betreuungseinrichtung können gute Anhaltspunkte liefern, welche Stärken das Kind bereits hat und in welchen Bereichen es womöglich noch unterstützt werden darf. Wer sich verunsichert fühlt und mehr Halt braucht, kann Entwicklungstabellen oder Beobachtungsbögen wie beispielsweise der Bogen für Kinder unter drei oder für Kinder von drei bis sechs Jahren von Kornelia Schlaaf-Kirschner zu Rate ziehen, um mehr Klarheit zu gewinnen. Gleichzeitig ist wichtig, dass wir unseren Kindern mit großem Vertrauen begegnen und mit der Überzeugung, dass sie sich entwickeln und lernen wollen. Das tun sie, wenn wir ihre Grundbedürfnisse, wie ich sie in der Einleitung beschrieben habe, im Großen und Ganzen erfüllen.

Wir lernen, dass wir überhöhte Erwartungen haben, wenn unsere Kinder (oder auch andere Erwachsene und wir selbst) ihnen nicht gerecht werden. Schnell kann man auf eine solche Enttäuschung verbittert reagieren, doch auch hier möchte ich zur Lösungsorientierung inspirieren. Enttäuschung wird in unserem Verständnis oft negativ verstanden, doch ist es eigentlich eine sehr wertvolle Sache, wenn eine Täuschung endet. Wir können dann mit klarem und realistischem Blick auf die Angelegenheit blicken und unsere Erwartungshaltung anpassen. Begleitung von Kindern ist kontinuierliches Lernen – über sie, ihre Vorlieben und Abneigungen, ihre Möglichkeiten und Grenzen und genauso über uns selbst. Jedes Mal, wenn eine Erwartung von uns enttäuscht wurde, gewinnen wir auch eine neue Erkenntnis daraus.

Die friedvolle Lösungsleiter habe ich auch mit meiner Klientin, die wegen der Geschwisterstreitigkeiten ihrer Kinder einen großen Leidensdruck verspürte, angewendet. Ich befragte sie zu ihren Erwartungen an ihre Kinder. Verblüfft stellte sie fest, dass diese offenbar völlig überzogen waren: Sie erwartete von ihren Kindern, dass sie mit drei und fünf Jahren ihre Konflikte selbstständig und mit Worten klärten und nicht handgreiflich wurden. Mit Erschrecken stellte sie fest, dass nicht einmal sie in der Lage war, diese Anforderung zu erfüllen, da sie selbst wiederholt in Konfliktsituationen körperlich wurde. Diese Erkenntnis war nicht nur ein großer Augenöffner, sondern weitete auch das Herz meiner Klientin für ihre Kinder, sodass sie mit viel mehr Liebe und Verständnis auf sie blicken konnte. Ohne mein Zutun stellte sie fest, dass es ja schon eine große Leistung von den Kindern war, dass sie mit ihren Konflikten meistens zu ihr kamen und sich Hilfe holten. Der erste Samen für eine starke elterliche Führungsrolle war gesät, denn nur zu gern wollte sie endlich in der Lage sein, ihren Kindern ebendiese Hilfe zu sein.

2. Klare Grenzsetzung

Nicht nur gegenüber Kindern selbst ist es wichtig, Grenzen zu setzen, so wie wir es schon von den Grundbedürfnissen her kennen. Auch wir selbst brauchen eine gute Abgrenzungsfähigkeit, wenn wir souverän handeln wollen. Ebenfalls gespeist von Glaubenssätzen und Konditionierungen sind viele von uns regelrechte *people pleaser*, also arg darauf bedacht, bloß niemandem auf den Schlips zu treten, sondern es allen recht zu machen. Dafür missachten wir zwangsläufig unsere eigenen Bedürfnisse und überschreiten unsere persönlichen Grenzen. Für eine Weile mag sich das gut anfühlen, weil wir es womöglich auch gewohnt sind und positive Rückmeldungen von anderen bekommen. Jedoch ist ein solches Verhalten für unsere eigene Zufriedenheit und Gesundheit langfristig alles andere als sinnvoll. Um klare Grenzen setzen zu können, müssen wir zunächst einmal das Gespür für unsere Grenzen und Grenzüberschreitungen wiederfinden. Ich nutze hierfür gerne eine simple Embodiment-Übung, die den Körper einbezieht.

Embodiment-Übung Grenzen

Du kannst für diese Übung sitzen oder stehen, wie es für dich bequem ist. Schließe, wenn du magst, die Augen. Nimm mit der linken Hand deinen rechten Zeigefinger und drücke ihn ganz langsam sanft nach hinten in Richtung Handrücken. Nimm wahr, wie lange sich das angenehm anfühlt und ab wann du in einen Zustand von »Aushalten« kommst. Nimm das Aushalten ganz bewusst wahr und erlaube dir, die Erinnerung aufkommen zu lassen, in welchen Momenten im Alltag du ebenfalls aushältst, obwohl du eigentlich schon an deine Grenze kommst. Drücke den Zeigefinger noch ein kleines Stück weiter, bis es unangenehm wird, und verinnerliche auch dieses Gefühl. Um es mit dem Erleben von Grenzüberschreitungen zu verknüpfen, kannst du dir selbst sagen: So fühlt es sich an, wenn ich meine Grenze überschreite. Lasse nun den Druck nach und komme zurück zu dem Punkt, an dem es gerade noch angenehm ist. Sage dir erneut: Hier ist meine Grenze. Diese Grenze möchte ich achten. Schüttele am Ende deine Hände aus und öffne die Augen wieder.

Du kannst deine Achtsamkeit für genau dieses Gefühl des Aushaltens und der Grenzüberschreitung im Alltag schulen, indem du immer mal wieder die Embodiment-Übung machst und dabei einfach die Assoziationen und Situationen aufkommen lässt, die dir gerade einfallen. Mit der Zeit wirst du feststellen, dass du bereits in kritischen Situationen eine Art »Grenzen-Alarmsystem« entwickelst. Je früher du darauf reagierst, umso souveräner wirst du handeln können, weil du dich weniger bedroht fühlst, wenn deine Grenze nicht ohnehin schon völlig ausgereizt ist.

Als ich diese Übung mit meiner Klientin gemacht habe, fiel ihr die Verbindung von Körperwahrnehmung und grenzüberschreitenden Elementen im ersten Moment schwer. Immer mal wieder kamen wir im Beratungsprozess auf das Thema Grenzen zu sprechen, bis sich irgendwann der Knoten löste. Meine Klientin entdeckte gleich eine ganze Reihe von konditionierten Grenzüberschreitungen in ihrem Leben:

Die Einschlafsituation mit den beiden Kindern stellte sich als sehr belastend heraus. Die Kinder wollten immer gemeinsam mit der alleinerziehenden Mutter im Familienbett schlafen. Lange Zeit war dies auch für alle drei stimmig, doch mittlerweile waren die Kinder groß und schliefen manchmal so unruhig, dass die Nächte alles andere als erholsam waren. Auch im beruflichen Kontext stellte sich heraus, dass meine Klientin zu keiner Aufgabe und keinem Projekt Nein sagen konnte, selbst wenn es eigentlich nicht in ihren Zuständigkeitsbereich fiel oder sie überhaupt nicht geeignet für die Aufgabe war. In ihrer Firma hatte sich bereits herumgesprochen, dass unbeliebte Aufgaben gut auf sie abgeschoben werden konnten. Sie hatte ständig Berge an Arbeit, die ihr keinerlei Freude bereitete, sondern nur Kraft kostete. Außerdem hatte sich in der Wohnung der Klientin nach und nach das Wohnzimmer in ein Kinderzimmer verwandelt. Alle Spielsachen der Kinder waren mittlerweile in Kisten ins Wohnzimmer gewandert. Die beiden Kinderzimmer wurden somit weder zum Schlafen noch zum Spielen genutzt. Dafür hatte in der Vier-Zimmer-Wohnung die Mama selbst keinerlei Rückzugsort mehr.

Da es für Themen rund um den Schlaf besser ausgebildete Expert:innen als mich gibt, vermittelte ich meiner Klientin eine Schlafberatung, von der ich wusste, dass dort beziehungsorientiert und friedvoll gearbeitet wird. Für die Situation an ihrer Arbeitsstelle wählte ich als Methode ein Rollenspiel, bei dem meine Klientin üben konnte, wie sie künftig Aufgaben ablehnt. Da ihr dies schwerfiel, ahnte ich, dass es hier tiefer liegende Gründe gibt, auf die wir noch einmal aus einem anderen Blickwinkel schauen müssten.

Zuletzt betrachteten wir die Wohnsituation. Hier entdeckten wir ein solches tiefer liegendes Thema: Der Mama fiel es schwer, Raum einzunehmen. Deswegen hat sie sich buchstäblich in der Wohnung verdrängen lassen. Aus der Klopfmethode heraus (siehe dazu das letzte Kapitel) entwickelte die Mama ganz spielerisch eine neue Idee für die Gestaltung der Wohnung: Das Wohnzimmer sollte den Kindern weiter als Spielraum zur Verfügung stehen, da sie dort mehr Platz hatten. In einem Kinderzimmer blieben die beiden (ohnehin ungenutzten) Betten und Schränke der Kinder. Dafür wurde das andere Kinderzimmer zu einem Sportraum umfunktioniert, in dem die Mama sich abends, wenn die Kinder im Familienbett schliefen, noch auspowern konnte.

3. Fähigkeit zur Selbstregulation

Bei dieser Sprosse möchte ich gerne ein Bild einführen, mit dem ich unglaublich gern arbeite: den Topf. Ich spreche mit meinen Klient:innen immer von ihrem Innenleben als von einem Topf. Dieser ist gefüllt mit angenehmen Erfahrungen, Erinnerungen und Konditionierungen, genauso wie mit unangenehmen oder diffusen. Wenn unser Topf sehr voll mit belastenden Erfahrungen ist, können wir uns das vorstellen, als wäre er kurz davor überzukochen. Wenn dann ein Reiz von außen in Form eines Krümels auf dem frisch gewischten

Boden oder in Form eines Kindes, das uns zwickt, auf uns eintrifft, passiert es schnell, dass dieser Topf überkocht. Wir reagieren über und verlieren die Fassung. Wir haben dann gar keine Chance mehr, uns selbst zu regulieren, weil die Spannung so groß ist, dass sie sich sofort, egal wie, abbauen muss – meist geschieht das dann auf destruktive Weise in Form von Schreien, Schimpfen, Gemeinheiten oder Ignoranz. Andersherum veranlasst uns ein Topf, der mit angenehmen und stärkenden Erfahrungen gefüllt ist, viel eher dazu, uns liebevoll und warmherzig gegenüber anderen zu verhalten.

Nun hatten wir es nicht oder nur bedingt in der Hand, welche Erfahrungen wir bisher in unserem Leben gemacht haben. Wir finden uns wieder mit einem Topf, der sowohl mit angenehmen als auch mit unangenehmen Erfahrungen gefüllt ist, und der verzweifelten Frage: Wie kann ich nachhaltig ruhiger und friedvoller reagieren?

Eine Methode, um den »Druck im Kessel« etwas zu reduzieren, werde ich noch ausführlich vorstellen: die Innere-Kind-Arbeit (siehe dazu das letzte Kapitel). Doch auch unabhängig davon können wir die Selbstregulation hier auf der dritten Sprosse schon deutlich müheloser umsetzen, wenn wir zuvor die ersten beiden Sprossen erklommen haben. Zum einen sind wir besser darauf eingestellt, was wir erwarten können und was nicht (Sprosse 1), und zum anderen haben wir uns und unsere Kapazitäten durch klare Grenzsetzung besser geschützt (Sprosse 2). Damit wird es uns weitaus leichter fallen, in kritischen Situationen auf Regulationsmethoden wie das Durchatmen, Zählen oder Wassertrinken zurückzugreifen. Kritische Situationen erfordern von uns genug Kapazität, um als solche erkannt zu werden. Wenn wir erst mitten im Eifer des Gefechts erkennen, dass wir in eine Konfliktsituation geraten sind, ist das Herz meist schon zu hart und das Stresslevel zu hoch, um noch das Ruder herumzureißen. Wichtig ist also, sich frühzeitig selbst zu regulieren.

Bei meiner Klientin hatten die Streitigkeiten ihrer beiden Kinder einen positiven Aspekt: Die Gründe, Auslöser und Zeitpunkte waren recht vorhersehbar. Meistens ging es darum, wer zuerst welches Spielzeug haben oder wer wie laut seine Hörgeschichte oder Musik abspielen durfte. Der Sohn provozierte seine Schwester so lange, bis sie wiederum körperlich wurde. Der Streit entstand meist, wenn die Kinder entweder schon eine ganze Weile allein gespielt hatten oder wenn ein Übergang anstand. Wir analysierten gemeinsam mithilfe des Eisbergmodells, um welche unerfüllten Bedürfnisse es sich handelte, wenn die Streitigkeiten aus dem Ruder liefen. Hierfür nutzte ich die Methode des Systembretts, bei der die Klientin ein Aufstellungsbrett sowie verschiedene Materialien wie Holzfiguren, Tiere, Bausteine und Glasnuggets nutzen kann. Zunächst ließ ich sie die drei Akteure aufstellen: sich selbst, ihren Sohn und ihre Tochter. Anschließend stellte sie die eskalierenden Konflikte auf. Dafür wählte sie dunkle Glasnuggets, die sie in die Mitte zwischen sich und die Kinder legte. Ich fragte sie, welchen Satz die drei aufgestellten Figuren jeweils wohl sagen würden, wenn sie könnten. Sie wählte diese Sätze:

Für sich selbst: Mir ist das alles zu viel.
Für ihren Sohn: Wo bist du, Mama?
Für ihre Tochter: Ich will aber!

Sofort war die Mama versucht, in den Dialog mit ihren Kindern zu treten. Ich stoppte sie und lud sie ein, sich zuerst sich selbst zuzuwenden. Ich fragte sie, welche Sätze zu hören ihr gut tun würden und sie sich auch selbst zu sagen. Wie vielen meiner Klient:innen fiel es ihr sehr schwer, liebevoll und milde mit sich selbst zu sprechen. Das Validieren half ihr. Sie sagte sich selbst: »Dir ist das alles zu viel. Das ist okay.« Allein schon dieser kurze Moment der bewussten Verbindung mit der eigenen Wahrnehmung und den eigenen Gefühlen führte zu einem erleichterten Seufzen. Genau dieses milde Herz galt es für sie weiter zu stärken, denn eine solide Selbstregulation ist der Schlüssel zu einer gelingenden Co-Regulation.

4. Gelingende Co-Regulation

Co-Regulation geschieht über Kontakt durch Blicke, Mimik, Gestik, Worte oder Berührungen. Oft haben wir in der Konfliktsituation Mühe, die richtige Ansprache zu finden. Deshalb ist es gut, sich mit einer Übung vorzubereiten.

Nun war es für meine Klientin an der Zeit, sich während der Sitzung mit mir in Gedanken den Kindern zuzuwenden. Dank der friedvollen Lösungsleiter konnte die Mama auf die Kinder mit viel milderem Herzen reagieren. Sie hatte das starke Bedürfnis, ihren Kindern etwas zu sagen, was direkt aus ihrem Herzen kam. Zu ihrem Sohn sagte sie: »Ich bin da. Ich kann dich nicht immer sehen, und ich schaffe es nicht immer, so für dich da zu sein, wie du es verdient hast. Ich arbeite daran und lerne immer weiter dazu, für dich! Ich liebe dich.« Und zu ihrer Tochter sagte sie: »Du darfst und sollst auch, nur in einem bestimmten Rahmen. Ich zeige dir diesen Rahmen und möchte dir dabei helfen, dass du ihn besser erkennen und einhalten kannst. Ich bin so stolz auf dich und wie selbstständig du bist. Ich liebe dich.«

Die Situation war natürlich nicht mit dem Epizentrum des alltäglichen Stress-Feuerwerks zu vergleichen. Trotzdem hatte diese besondere Begegnung mit den eigenen Kindern eine große Bedeutung für meine Klientin, und sie berichtete im weiteren Verlauf, dass sie es als eine Art Anker in sich erlebte, der ihr in den Konfliktmomenten selbst ein wenig Halt gab. Was nun, wo die emotionale Grundlage für die Co-Regulation geschaffen war, noch fehlte, waren konkrete Ideen, was sie im Konflikt genau sagen oder tun konnte. Hier eine Übersicht, was nützlich sein kann.

Was wir in brisanten Momenten zu unseren Kindern sagen können

- Ich sehe, dass dein gebautes Lego kaputt ist. Darüber bist du sehr traurig, oder?
- Du hast allen Grund, wütend zu sein, wenn dir wehgetan wurde.
- Ich kann mir vorstellen, dass das sehr weh getan hat.
- Ihr möchtet beide gleichzeitig etwas anhören, es gibt gerade aber nur ein Paar Kopfhörer. Das ist wirklich ein Problem!
- Du darfst wütend/traurig/aufgebracht sein!
- Ich bin da.
- Ich halte dich.
- Ich bleibe bei dir.

Was wir in brisanten Momenten zusätzlich sagen können, wenn Kinder Grenzen überschreiten:

- Stopp! Lass die Hände weg von der Vase.
- Halte Abstand.
- Du darfst wütend sein und deine Wut an den Kissen auslassen, aber nicht an deinem Geschwisterchen.
- Hier ist eine Grenze. Die Blätter bleiben an den Pflanzen dran.
- Ich nehme dich ernst, aber nicht alles hin.

Was wir in brisanten Momenten tun können (wenn wir uns damit wohl fühlen):

- Präsent sein und den Gefühlen Raum geben
- Nähe anbieten
- Eigene Hände zum Draufhauen anbieten
- Mit Boxhandschuhen auf Pratzen boxen lassen
- Gemeinsam meckern

Was wir in brisanten Momenten tun können, wenn Kinder Grenzen überschreiten (wenn wir uns damit wohl fühlen):

- Gegenstände/Tiere etc. entfernen
- Sanft und bestimmt körperlich der Grenzüberschreitung Einhalt gebieten, beispielsweise sich dazwischen stellen
- Alternativen anbieten wie Papier knüllen, Ball werfen, auf Kissen hauen
- Gemeinsam den Raum oder die Situation verlassen

Wichtig auf dieser Sprosse ist, nicht die erste Sprosse der realistischen Erwartungshaltung zu vergessen. Selbst bei lehrbuchmäßig verlaufender Co-Regulation kann es doch manchmal schwer sein, Kinder wieder einzufangen und zu beruhigen. In anderen Momenten stellen wir uns gerade noch auf eine längere Begleitung ein, da sind die Kinder schon wieder ausgeglichen und über den Berg. Genauso wichtig ist auch die klare Grenzsetzung. Gerade bei intensiven Gefühlen passiert es schnell, dass wir uns davon anstecken lassen und die Gefühle unserer Kinder mitfühlen. Das ist unter anderem auf das Phänomen der Spiegelneuronen zurückzuführen.

Spiegelneuronen

Spiegelneuronen werden auch als Simulationsneuronen bezeichnet und sind Nervenzellen in unserem Gehirn. Sie werden aktiviert, wenn wir etwas tun, aber auch wenn wir etwas bei unserem Gegenüber beobachten oder darüber nachdenken. Wenn wir also unser Kind weinen, stürzen oder lachen sehen, werden wir die dazugehörigen Empfindungen wie Traurigkeit, Schmerz oder Freude auch in uns wahrnehmen. Die Spiegelneuronen sind auch mit dafür verantwortlich, dass Kinder schon sehr früh Gestik und Mimik ihrer Eltern imitieren – und damit buchstäblich zum Spiegelbild ebendieser werden. Dank dieser Prozesse im Gehirn ist es uns möglich, mit anderen mitzufühlen. Dass Kinder echte Empathie erst nach und nach entwickeln, liegt unter anderem daran, dass sie erst etwa ab dem Grundschulalter die Hirnreife und somit die nötigen organischen Voraussetzungen haben, sich in andere hineinzuversetzen.

Wichtig für eine gelingende Co-Regulation ist, in diesen Momenten bei sich selbst zu bleiben. Dabei kann das Bewusstsein über das Phänomen der Spiegelneuronen helfen und den Schritt der Distanzierung ermöglichen: Ich fühle mit dir, gleichzeitig bleibe ich bei mir, also klare Grenzsetzung und Selbstregulation. Keine Sprosse kommt also ohne die anderen aus – sonst würde die Leiter in sich zusammenbrechen.

5. Handeln aus einer souveränen und starken elterlichen Führungsrolle

Die friedvolle Lösungsleiter schafft solide Voraussetzungen, damit wir die elterliche Führungsrolle gut einnehmen können. Gleichzeitig werden wir lebenslang im Prozess sein, uns immer wieder auszubalancieren. Denn wenn wir mit einer Situation an einem Tag den Dreh raus haben, hat sich diese am nächsten Tag schon wieder völlig verändert, und wir sehen uns mit einer neuen Herausforderung konfrontiert, über die wir noch gar nichts zu wissen scheinen. Wir steigen also auf der friedvollen Lösungsleiter immer mal wieder auf und ab. Elternschaft ist ein kontinuierlicher Wachstums- und Lernprozess.

Ich weiß es schon beim Abendessen. Es geht mir durch den Kopf, und ich werde unruhig. Ich zögere alles hinaus. Zappele auf meinem Stuhl. Knabbere in Zeitlupe an meinem Abendbrot. Ihr wisst schon, was los ist. Ihr seht einander kurz liebevoll bestärkend an, und du sagst:

»Hey, möchtest du noch ein bisschen auf den Schoß?«

Ich nicke und klettere rüber. Kuschele mich ein. Lasse mir über die Haare und den Rücken streicheln. Es ist, als würde die Unruhe aus mir raus gestreichelt werden.

Wir wissen alle, was ansteht, und es ist nicht der erste Abend, an dem ich mich einfach nicht überwinden kann. Euch ist bewusst, wie schwer es für mich ist, mir die Zähne putzen zu lassen. Schließlich ist es auch total unangenehm, wenn einem mit der kratzigen Zahnbürste im Mund herumgestochert wird. Gleichzeitig seid ihr ganz klar darin, dass am Zähneputzen grundsätzlich kein Weg vorbeiführt.

»Brauchst du ein Taxi?«

Wieder nicke ich und klettere aufs Sofa. Von dort springe ich auf deinen Rücken, und ein lustiges Lied singend fahren wir ins Bad. So ist der Weg nur noch halb so schlimm.

Die Angst kommt trotzdem zurück. Ich verstecke mich unter dem Badschrank. »Lausemaus, wo bist du? Pupsbärchen? Mäusefürzchen!«

Bei all den lustigen Namen muss ich lachen und krieche aus meinem Versteck.

Ich presse meine Lippen aufeinander. Aber du stopfst mir die Zahnbürste nicht einfach in den Mund. Oder schreist mich an. Sondern lauschst:

»Oh! Hör mal!? Ist das etwa der Hammer vom Zahnwehmännlein?«

Jetzt höre ich es auch. Da muss schnell ein Zahnbürstenkommando anrücken! Dadurch, dass du ruhig und zuversichtlich bist, kann auch ich ein wenig mehr Ruhe und Zuversicht in mir selbst entdecken. Außerdem gefällt mir die Vorstellung von einem Zahnputzkommando in meinem Mund sehr. Also sperre ich den Mund auf, und los geht die wilde Jagd:

»Du freches Zahnwehmännlein, stell dich! Komm raus! Wir schrubben dich weg! Aaaaah, da stürzt es schon aaaaab! Bum!«

Zwischendurch muss ich so lachen, dass wir Pause machen müssen.

Ich hasse Zähneputzen. Aber mit dir kann ich es gut überstehen. Wenn du mir so die Zähne putzt, dann ist es wirklich »nicht so schlimm«.

Fragen zur Selbstreflexion nach der friedvollen Lösungsleiter

Realistische Erwartungshaltung

- An welchen Stellen geht dein Kind stark in den Widerstand oder zeigt intensive Emotionen (sowohl stark im Ausdruck als auch stark im Rückzug)?
- Kannst du hier mögliche Hinweise auf über- oder unterfordernde Erwartungen von dir entdecken?
- In welchen Bereichen wurdest du deinerseits über- oder unterfordert und wiederholst dieses Verhaltensmuster womöglich?

Klare Grenzsetzung

- Kennst du deine eigenen Grenzen? Achtest du sie selbst?
- Kannst du deine Grenzen anderen gegenüber kommunizieren und wahren?
- Wenn nicht, wozu könnte es gut für dich sein, deine Grenzen selbst zu überschreiten oder überschreiten zu lassen?

Fähigkeit zur Selbstregulation

- Nimmst du deine eigenen Emotionen achtsam wahr?
- Unterdrückst du deine Emotionen eher oder überrollen sie dich eher?
- Gibt es Unterschiede in verschiedenen Situationen oder mit verschiedenen Menschen?
- Weißt du, wie du echte Pausen machen kannst, um dich zu erholen?
- Weißt du, was dir Spaß macht?
- Wie oft tust du das wirklich im Alltag?

- Wozu könnte es gut für dich sein, es häufiger oder seltener zu tun?

Gelingende Co-Regulation

- Was könnte dir dabei helfen, noch mehr bei dir selbst zu bleiben, wenn dein Kind aufgewühlt ist?
- Fühlst du dich gut genug vorbereitet mit Aussagen und Handlungsmöglichkeiten für den Fall, dass dein Kind einen Gefühlssturm hat?

Handeln aus einer souveränen und starken elterlichen Führungsrolle

- Welche Sprosse deiner Leiter ist die stabilste, welche wackelt am meisten?
- Was könnte ein erster kleiner Schritt sein, dich selbst ein bisschen mehr zu stärken?

DAS MUSS ICH MIR VON DIR NICHT GEFALLEN LASSEN!

Über Ressourcen und Voraussetzungen

Ich sitze jetzt schon seit gefühlten Stunden an meinen Hausaufgaben. Immer wieder kommst du zu mir rein, blickst auf mein Heft und weist mich auf meine Fehler hin. Ich kapiere die Aufgabe einfach nicht, und mit jedem Fehler werde ich noch frustrierter. Du bist auch schon frustriert und sagst: »Jetzt komm endlich mal zum Ende, das Abendessen wird schon kalt!« Du setzt an und willst mir eine Aufgabe erklären, aber du machst es anders als mein Lehrer. Das verwirrt mich noch mehr. Du redest immer eindringlicher auf mich ein. »Schau doch einfach mal genau hin! Denk doch mal kurz nach! So schwer ist das nicht!« Du hörst nicht auf, und schließlich wächst mir alles über den Kopf. Ich schreie dich an: »Ich schaue doch hin! Aber ich bin wohl einfach zu dumm dafür!«, und werfe mit meinem Heft nach dir.

Du bist völlig empört und verlässt das Zimmer mit den Worten: »Das lasse ich mir von dir nicht gefallen!«

Wir können mittlerweile einordnen, dass das Verhalten von Kindern immer der Absicht entspringt, ein zugrunde liegendes Bedürfnis zu erfüllen. In der beschriebenen Hausaufgabensituation hat das Kind im Kern das Problem, dass es keine entwicklungsgerechte Erfahrung machen kann, weil es sich von den Hausaufgaben überfordert fühlt. Die erwachsene Bezugsperson missachtet nun ein weiteres Bedürfnis, nämlich das nach einer liebevollen Beziehung oder auch der unterstützenden Gemeinschaft. Wenn schon die Aufgabenstellung überfordernd ist, können wir mit einer wohlwollenden und auf das Kind abgestimmten Begleitung die Situation auffangen: Sei es, dass wir als Elternteil eine liebevolle Beziehung zu unserem Kind pflegen oder dieses in einer Lerngruppe mit anderen gemeinsam nach Lösungen sucht. In dem Moment, in dem ein Kind sich überfordert fühlt, kann es selbst keine Ressourcen mehr entdecken, um das Problem anzugehen. Es ist in einer akuten Stresssituation, in der auch das kindliche Gehirn nicht mehr optimal funktionieren kann. Wie kann es sein, dass selbst Erwachsene, denen das bewusst ist, doch manchmal derart adultistisch und wenig zielführend auf Kinder reagieren wie im Beispiel?

Du hast bereits einige Erklärungsansätze für adultistisches Verhalten kennengelernt: den des übervollen Topfes, den ein kleiner Tropfen zum Überlaufen und damit dich zum Explodieren bringen kann. Auch unser manchmal automatisiertes Vorgehen in einem festgefahrenen Reiz-Reaktions-Schema habe ich dir vorgestellt, außerdem einschränkende Glaubenssätze, die wir über uns selbst haben können. Widmen wir uns nun weiter diesen Glaubenssätzen über Kinder, Erziehung und uns selbst, die wir in den Kapiteln über Entwicklungstraumata und transgenerationale Traumatisierung näher angeschaut haben. Nachdem wir jetzt schon einiges darüber wissen, können wir beginnen, sie langsam zu lösen und uns von ihnen zu verabschieden. Ich stelle dir im Anschluss mit dem Einsammlungsritual noch eine ganz lebensnahe Methode vor, Konflikte und besonders Übergänge im Alltag friedvoller zu lösen.

Innere Härte erkennen und loslassen

Schauen wir uns eine weitere Ursache für adultistisches Verhalten an: Glaubenssätze über Kinder wie »Das muss ich mir von dir nicht gefallen lassen«.

Weitere Glaubenssätze dieser Art sind:

- Da muss das Kind auch mal durch.
- Das Kind will doch nur Aufmerksamkeit.
- Schreien stärkt die Lungen.
- Das Kind darf nicht verwöhnt werden, sonst wird es zum Tyrannen.
- Es kann sich nicht alles immer um das Kind drehen.
- Das Kind muss lernen zu gehorchen.
- Ein Klaps hat noch niemandem geschadet.
- Das versteht das Kind noch nicht.

Diese Art von Glaubenssätzen wird genauso von Generation zu Generation weitergegeben, ebenso wie solche, die wir über uns selbst haben. Wir dürfen diese Glaubenssätze hinterfragen, bestenfalls kritisch und unaufgeregt. Das fällt oft nicht leicht, gerade wenn wir solche Sätze aus der eigenen Familie hören und damit eigentlich Aussagen über unsere eigene Kindheit und unsere Realität hören. Wenn wir anfangen, die Begleitung von Kindern neu zu denken, werden uns immer mehr Aussagen und Verhaltensweisen auffallen, die adultistisch und nicht kindgerecht sind. Aber selbst wenn jemand all dieses Wissen noch vor der Geburt des Kindes hätte, wäre trotzdem unvermeidbar, dass auch dieses Kind die Erfahrung von Abwertung und unfairem Verhalten macht. Wir werden unsere Kinder nicht vor allem beschützen und bewahren können. Das ist auch nicht nötig. Kinder werden die unterschiedlichsten Erfahrungen machen. Es ist gut und richtig, dass sie lernen können, damit umzugehen.

Gleichzeitig dürfen und müssen wir unsere Kinder natürlich vor Gewalt, auch der, die in unserem Umfeld oft bagatellisiert wird, schützen. Wir dürfen den Besuch bei den rauchenden Verwandten nach draußen verlegen oder absagen, wenn wir uns wegen der Risiken des *third-hand smoke* nicht wohl damit fühlen, uns in einem Raucherhaushalt aufzuhalten. Wir dürfen mit den Großeltern ins Gespräch darüber gehen, dass unbegrenzte Medienzeit und Süßigkeitenkonsum unseren Werten widersprechen und wir damit nicht einverstanden sind. Wir dürfen uns immer wieder selbst reflektieren und daran arbeiten, Verhalten, das auf alten destruktiven Glaubenssätzen basiert, umzuwandeln. Nicht immer werden unsere Bemühungen sofort Erfolg haben. Doch wir dürfen uns absolut dafür einsetzen, nach und nach, mit Feingefühl und Klarheit, alte Glaubenssätze zu verabschieden und neue Annahmen über die Begleitung von Kindern mit Leben zu füllen, indem wir bei uns selbst anfangen und damit auch auf unser Umfeld wirken.

Dass die Gefahr besteht, bei der bedürfnisorientierten Begleitung von Kindern etwas über das Ziel hinauszuschießen und in die »BO-Falle« zu tappen, habe ich im Zusammenhang mit den vermeidbaren und unvermeidbaren Frustrationen schon angesprochen. Zur Erinnerung: Damit meine ich, dass die Bedürfnisse des Kindes zu jeder Zeit über allem stehen und um jeden Preis erfüllt werden. Der Satz »Da muss das Kind auch mal durch« hat in manchen Situationen durchaus seine Berechtigung, die Frage ist nur, ob wir ihn mit hartem oder mildem Herzen, ergo bestrafend oder begleitend, aussprechen. Es macht den entscheidenden Unterschied, ob wir die Hausaufgaben des Kindes mit den Aussagen »Schau doch einfach mal genau hin! Denk doch mal kurz nach! So schwer ist das nicht!« begleiten oder ob wir würdigen, dass das Kind sich bemüht, die Aufgabe zu verstehen, indem wir sagen: »Das scheint dir gar nicht leicht zu fallen, und trotzdem bleibst du die ganze Zeit dran, obwohl du sicher lieber spielen würdest. Sicher wirst du einen Lösungsweg finden. Ich glaube an dich!« Denn es ist absolut richtig und wichtig, dass Kinder Grenzen begegnen, Bedürfnisse manchmal aufschieben oder mit Frustrationen umgehen müssen. Nur so haben sie die Chance, Wege zu entwickeln, wie sie damit umgehen. Bei der Entscheidungsfindung helfen uns unsere eigenen Werte, die Bedürfnisse von Kindern, die vier Leitfragen aus dem ersten Kapitel »Muss das sein?«, »Muss das *jetzt* sein?«, »Muss das so laufen?«, »Gibt es einen spielerischen Weg?« und natürlich die friedvolle Lösungsleiter.

Gerade in Haushalten mit mehreren Kindern wird es zwangsläufig notwendig, immer wieder zu prüfen, welchem Familienmitglied, je nach Einzelfall welcher Bedürfnisaufschub zugemutet werden kann. Der Unterschied zwischen dem harten und dem milden Herzen besteht darin, *wie* Eltern solche Situationen begleiten. Sprechen wir aus dem harten Herzen, ist die Verbindung zum Kind eigentlich schon gekappt. Das Kind erlebt sich als von uns getrennt und mit seinen möglicherweise überfordernden Gefühlen allein gelassen. Wir haben oft noch den Anspruch der Härte in uns verinnerlicht. Doch das ist überhaupt nicht nötig. Kinder können viel besser in einer liebevollen, sicheren und stressfreien Atmosphäre lernen. Wenn also unser Ziel ist, dass das Kind lernt, sich anzupassen, dann dürfen wir das auch auf lernfreundliche Art und Weise gestalten, also in Verbindung mit dem Kind. Auch wenn wir als Erwachsene manchmal Entscheidungen treffen müssen, die Kinder doof, gemein oder unfair finden, ist es sinnvoll, milde im Herzen zu bleiben. Situationen und Gefühle zu validieren, ist immer ein gangbarer Weg. Wir dürfen die Wahrnehmung unserer Kinder anerkennen und auch mit konträren Entscheidungen koexistieren lassen. Kinder können sich über uns ärgern, wir dürfen sie dabei begleiten und gleichzeitig bei unserer Entscheidung bleiben. Auch hier wichtig anzuerkennen, dass ein Sowohl-als-auch hilfreicher ist als ein Entweder-oder.

Eine Weile war ich selbst mit der Herausforderung konfrontiert, dass mein Bonuskind mit Gegenwillen reagierte, wenn das Zähneputzen anstand. Zuerst gab es meist vor, mich nicht gehört zu haben, und spielte einfach weiter. Wenn ich es dann direkt auf Augenhöhe ansprach, entgegnete es mir schlicht: »Nein.« Ich versuchte es mit einem bestimmten Einsammlungsritual, um den Übergang zu erleichtern. Ich versuchte es mit den vier Leitfragen. Doch unterm Strich blieb es dabei, dass das Kind auf das Zähneputzen mit Ärger reagierte. Dennoch war Zähneputzen notwendig, manchmal auch hier und jetzt sofort. Teilweise ließ sich das Kind auch nicht auf einen anderen Ort oder einen spielerischen Weg ein. Es blieb mir also nichts anderes übrig, als selbst ruhig und klar zu bleiben. Irgendwann fiel mir ein Satz ein, den ich künftig häufig nutzte: »Du bist ärgerlich, und das ist völlig in Ordnung. Du darfst so lange ärgerlich sein, wie du es brauchst. Wir putzen dann eben ärgerlich deine Zähne.«

Auch in anderen Situationen verband ich die Emotion des Kindes mit Notwendigkeiten: »Dann räumst du dein Spielzeug jetzt wütend auf, das ist okay. Ich helfe dir dabei.«

»Du bist traurig, weil der Käse schlecht geworden ist. Du kannst ihn auch traurig in den Müll werfen, denn leider kann man ihn nicht mehr essen.«

Ich war selbst überrascht darüber, welchen Unterschied es machte, wenn ich die Gefühle des Kindes validierte und mit einer starken elterlichen Führungsrolle kombinierte. Nach und nach stellte ich fest, dass es keinen Grund gab, Angst vor den Gefühlen des Kindes zu haben, denn sie durften einfach sein. In dem Moment, in dem sie von mir validiert und gehalten wurden, verloren sie jegliche Bedrohlichkeit für mich, und ich konnte die Situation im Sinne aller gestalten.

Übergänge mit dem Einsammlungsritual gestalten

Die Methode des Einsammlungsrituals als ganz konkrete Handlungsanleitung war für mich insbesondere im Umgang mit Kindern in der Autonomiephase tatsächlich lebensverändernd. Aber auch später habe ich oft erfolgreich darauf zurückgegriffen. Die Methode erfüllt das Bedürfnis des Kindes, gesehen und wertgeschätzt zu werden. Gleichzeitig ist sie mir eine Stütze, wie ich Übergänge und herausfordernde Situationen klar strukturieren und liebevoll begleiten kann. Ich baue dem Kind als erwachsene Bezugsperson mit einer zugewandten und offenen Haltung eine Art Brücke und helfe ihm, sie zu überqueren. Durch die Schritt-für-Schritt-Anleitung kannst du die Methode sofort ausprobieren.

1. Präsente Wahrnehmung auf Augenhöhe

Zunächst ist wichtig, sich auf Augenhöhe des Kindes zu begeben und kurz mit emotionaler Präsenz wahrzunehmen, was das Kind gerade macht. Wo befindet es sich gerade? Womit beschäftigt es sich gerade? Was denkt es wohl gerade? Dieser Schritt kann wenige Sekunden dauern, wichtig ist dabei nur, dich voll und ganz auf das Kind zu fokussieren und alles andere für einen Moment auszublenden. Du darfst deine Wahrnehmung laut beschreiben, um den ersten Kontakt zum Kind aufzunehmen: »Ah, machst du gerade der Puppe eine frische Windel?«

2. Bedürfnis-Check

Wenn wir das Kind in seiner Situation präsent wahrnehmen, finden wir heraus, welche Bedürfnisse wohl gerade erfüllt sind und welche nicht. Es ist Übungssache, sein Kind immer besser lesen zu können und immer wieder neu zu lernen, welchen Rhythmus es im Alltag hat. Die Zeiten, in denen das Kind Hunger hat, Schlaf oder Bewegung braucht, ändern sich immer wieder, und von uns sind immer wieder Achtsamkeit, Feingefühl und Flexibilität gefordert, wollen wir unser Gespür für die jeweiligen Bedürfnisse schärfen.

3. Priorisierung

Kinder mit leerem Bindungstank, also einem unerfüllten Bindungsbedürfnis, mit physischem Hunger, starkem Bewegungsdrang oder einem anderen dringenden unerfüllten Bedürfnis werden immer deutlich schwerer kooperieren als Kinder, die bindungssatt und zufrieden sind. Wenn ein hungriges Kind, das seit Minuten im Puppenspiel versunken ist, das Outfit für den Besuch im Schwimmbad wechseln soll, macht es Sinn, zuerst einen aufgeschnittenen Apfel oder etwas Brot anzubieten.

4. Verbale Ankündigung

Egal, wie weit die sprachliche Entwicklung des Kindes schon ist, wir sagen immer, was jetzt ansteht. »Wenn du etwas Apfel gegessen hast, ziehen wir deinen Schlafanzug aus und deine Kleidung an, damit wir dann zum Bus laufen können. Mit dem Bus fahren wir ins Schwimmbad, wo wir schwimmen und planschen können.« Bei jüngeren Kindern können wir allgemeiner bleiben oder weniger Schritte ankündigen als bei älteren Kindern.

5. Innerer Halt

Wir dürfen uns auch bei einer so gut durchdachten Vorbereitung auf jede Reaktion des Kindes einstellen, frei nach dem Motto: Alle Gefühle dürfen sein. Manchmal werden uns Übergänge auf diese Art ganz leicht gelingen, manchmal wird das Kind trotzdem Gegenwillen zeigen. Wir können das immer wieder als Lern- und Übungsfeld nutzen, um unser Kind und uns selbst noch besser zu lesen und uns in unserem eigenen Halt zu festigen.

6. Gemeinsamer Wechsel

Schließlich braucht es noch den abschließenden Impuls für den Wechsel von einer Situation oder Person zur nächsten. Auch das begleiten wir verbal, gerne mit denselben oder ähnlichen Aussagen wie bei der Ankündigung und einer dazu passenden Körperhaltung oder -bewegung. Die drei wichtigsten haltgebenden Dinge in dieser Situation sind Geduld, Klarheit und Flexibilität: Geduld, falls das Kind noch Prozesse zu Ende fühlen muss oder gemeinsam Widerstände aufgelöst werden müssen; Klarheit, um dem Kind einen sicheren Rahmen zu vermitteln; Flexibilität, um bei Bedarf zu erkennen, dass die Erwartung der Kooperation doch zu hoch ist und zunächst ein anderes Bedürfnis erfüllt oder ein anderer Weg gefunden werden muss. In dem Fall beginnen wir mit dem Einsammlungsritual von vorne.

Glaubenssätze auflösen, Reaktionen verändern

Wir dürfen uns den Vorsatz, klar und gleichzeitig milde im Herzen zu sein, immer und immer wieder in Erinnerung rufen. Im Alltag gerät er leicht in Vergessenheit, und alte, fest etablierte Denk- und Verhaltensmuster gewinnen die Oberhand. Wir können uns das wie Nervenautobahnen in unserem Gehirn vorstellen: Über Jahre und Jahrzehnte waren wir gewohnt, bei gewissen Reizen die Ausfahrt einer bestimmten Reaktion zu wählen. Wenn ein Kind beispielsweise eine Regel gebrochen hat, haben wir es geschimpft und weggeschickt. Diese Reaktion ist wie in uns einprogrammiert, sowohl transgenerational als auch durch die Art und Weise, wie wir bisher immer reagiert haben. Wissen über kindliche Bedürfnisse und der Wille zur Veränderung geben uns zu Beginn die Kraft und Motivation, andere Ausfahrten zu wählen. Aber diese Wege sind keine komfortablen breiten Autobahnen, sondern vielmehr unerschlossene Pfade durchs Dickicht, die wir erst dadurch zu Wegen machen, dass wir sie wieder und wieder gehen. Manchmal stecken wir in diesem Dickicht fest und fragen uns, ob das wirklich der richtige Weg ist. Denn allzu oft fühlen sich neue Wege falsch an, weil sie ungewohnt und unbequem sind. Das transgenerationale Erbe in uns lässt uns zweifeln und unser Vorgehen infrage stellen. Das ist ganz normal. Tückisch daran ist, dass wir uns nicht blind auf unsere Gefühle und Intuition verlassen können, eben weil wir destruktive Konditionierungen in uns tragen. Wir müssen uns und unser Verhalten immer wieder hinterfragen und dafür den eigenen Wissens- und Kenntnisstand kontinuierlich aktualisieren. »Change is the only constant in life« – Nichts im Leben ist beständiger als der Wandel.

Dennoch spüren wir als innere Reaktionsmechanismen auf Veränderungen und Übergänge häufig Gefühle von Angst, Unsicherheit und Widerstand. Wir dürfen diese Gefühle wahr- und ernst nehmen und ihre Botschaften abholen. Immer wieder werden wir dann vor die Entscheidung gestellt: Dienen uns diese Botschaften? Wollen wir ihnen folgen? Ist etwa die Angst ein guter Warnhinweis, den wir beachten sollten? Oder der Widerstand das Zeichen für eine Grenzüberschreitung? Oder dienen uns diese Botschaften nicht, und wir sind nur einer alten Konditionierung zum Opfer gefallen? In dem Fall dürfen wir mutig und entschlossen diese Reiz-Reaktions-Muster aufbrechen. Mit der friedlichen Lösungsleiter habe ich dir schon eine Methode vorgestellt, die du in der Situation mit dem Kind direkt anwenden kannst, um Automatismen zu vermeiden. Doch auch darüber hinaus erfordert es innere Arbeit abseits von konkreten Alltagsmomenten, um die ausgefahrenen Wege zu verlassen, wie ich dir am Beispiel meiner persönlichen Geschichte zeigen will.

Die Erkenntnis, dass wir die Wahl haben, wie unsere Reaktion ausfällt, hat ein bisher ungeahntes Gefühl von Selbstwirksamkeit und

Freiheit in mein Leben gebracht. Mit der Klopfmethode zum Auflösen von Glaubenssätzen habe ich mich nach und nach unzähliger nicht dienlicher Konditionierungen entledigt und tue es noch. Immer, wenn ich bei mir selbst Widerstände bemerke, nutze ich diese Schritte zur Prüfung und werfe, wenn nötig, über Bord, was mir nicht mehr dient. Ich habe damit schon große Teile meiner Beziehung zu mir selbst, zu anderen Menschen, zu meinem Körper, zu Geld, zu Arbeit und zu vielem mehr aufgelöst. Dafür habe ich unter anderem mit diesen Glaubenssatz-Kombinationen gearbeitet:

Auch wenn ich bisher geglaubt habe, dass ich immer die Verantwortung übernehmen muss, erlaube ich mir, bei mir selbst zu bleiben.
Ich selbst war ein klassisches parentifiziertes und scheinselbstständiges Kind. Das bedeutet, dass ich viel zu früh viel zu viel Verantwortung übernehmen musste und dadurch bereits in sehr jungen Jahren sehr unabhängig war. Ich fing sehr früh an, Geld zu verdienen, selbst für mich zu sorgen und meine eigenen Entscheidungen zu treffen. Dieses Verhalten hatte seinen Ursprung in Beziehungsdynamiken in meiner Familie und in der Art und Weise, wie ich meine Bezugspersonen erlebte. Es gab in meinem Leben ein paar Situationen, in denen ich mich im Stich gelassen, vergessen und wertlos gefühlt habe. Für eine Weile empfand ich die finanzielle Situation in meiner Familie als sehr angespannt und ich erlebte mich als Jugendliche mitverantwortlich dafür, unsere Existenz zu sichern. Doch prägende Situationen müssen gar nicht so spektakulär wie diese sein, um den Selbstwert eines Kindes oder Jugendlichen ins Wanken zu bringen. Auch die Ablehnung von Aussehen, Hobbys oder Freund:innen eines Kindes können eine große Distanz schaffen und dazu führen, dass Kinder und Jugendliche das Vertrauen verlieren. So war es auch bei mir. Schließlich brannte sich ein Satz in mir ein, der vielleicht auch schon meine Mutter geprägt haben könnte: »Kannst du zählen? Zähle auf dich selbst.«

Durch die tiefe Auseinandersetzung mit transgenerationalen Themen und meiner Heilung habe ich mittlerweile Verständnis für meine Eltern. Dennoch war es aus meiner Sicht nicht in Ordnung, was sie mir als Kind und Jugendlicher zugemutet haben. Die deutlichste Folge dieser Parentifizierung, also des Rollentauschs der Erwachsenen mit dem Kind, war die Scheinselbstständigkeit. Nach außen hin wirkte ich bereits als junge Erwachsene sehr reif und unabhängig. In mir herrschte jedoch wahnsinnige Unsicherheit, ich hatte keinerlei Halt und zunächst große Schwierigkeiten, gesunde Beziehungen zu pflegen.

Mir war lange bewusst, dass auf mir schon früh eine übergroße Verantwortung gelastet hatte. Doch so richtig gespürt habe ich diese Last, als ich auf einem Retreat die Emotional Freedom Technique als eine Form der Klopftechnik in Verbindung mit der Bindungsenergetik erfahren durfte. Die Bindungsenergetik wird auch als Herzarbeit bezeichnet, da allem voran mit der Resonanz des Herzens gearbeitet wird. Für diese Art von Arbeit legt man selbst und der oder die Therapeut:in die Hand aufs Herz. Wir sprachen über das Thema Vertrauen. Plötzlich zeigte sich bei mir großer Schmerz über die vielen Enttäuschungen in meinem Leben zusammen mit der großen Last der Verantwortung. Ich stellte fest, wie sehr ich selbst immer im Außen gelebt hatte, statt in Verbindung mit mir selbst zu sein. Wie sehr ich immer scannte, in welcher Stimmung andere waren oder welche Bedürfnisse sie gerade hatten. Ich hatte meine guten Gründe dafür gehabt: Als parentifiziertes Kind war ich genau auf dieses Scannen angewiesen. Nur so konnte ich frühzeitig bemerken, wenn es wieder an der Zeit war, das Ruder in die Hand zu nehmen. »Ich bleibe bei mir« als neuer Glaubenssatz fühlte sich erleichternd und gleichzeitig auch ungewohnt und etwas unsicher an. Verständlich – ich habe früher nun einmal die Erfahrung gemacht, dass es nicht toleriert wird, wenn ich bei mir selbst bleibe.

Auch wenn ich mich nur wertvoll fühle, wenn ich leiste, achte ich meine Bedürfnisse und Grenzen.
Wie vielen anderen ging es auch mir so, dass Leistung und Erfolge immer belohnt wurden. Belohnung bedeutete in meinem Fall jedoch nicht, wie bei meinen Mitschülerinnen, dass ich Zeit oder ungeteilte Aufmerksamkeit erfahren durfte. Belohnung bedeutete in meinem Fall nur die Abwesenheit von Abwertung. Brachte ich eine sehr gute Note nach Hause, geschah im Grunde nichts, brachte ich »nur« eine gute Note nach Hause, wurde ich gefragt: »Warum keine Eins?« Rückblickend muss ich gestehen, dass ich für den Glaubenssatz, mit dem ich mein Selbstwertgefühl von meiner Leistung abhängig machte und mir gleichzeitig versprach, meine Grenzen zu achten, lange sehr dankbar war. Nachdem ich ihn aufgelöst hatte, habe ich ihn beinahe ein bisschen vermisst. Denn nach wie vor leben wir in einer stark leistungsorientierten Gesellschaft. Der Glaubenssatz hat mich zu Höchstleistungen motiviert und mich sehr dabei unterstützt, meine Ziele zu erreichen. Ich erlebte tatsächlich ein kleines Tief, als ich ihn losgelassen hatte, weil Leistung für mich plötzlich nicht mehr selbstwerterhaltend war. Ich konnte aus einer ganz anderen Perspektive auf meine Tätigkeiten blicken und stellte fest, dass es an der Zeit war, Aufgaben zu delegieren, zu verändern oder ganz zu verwerfen.

Es zeigt sich: Die Arbeit mit sich selbst endet nie, und mit jeder Tür, die wir hinter uns schließen, öffnet sich eine neue, hinter der bereits die nächsten Herausforderungen warten. Aus diesem Grund betone ich immer wieder, wie wichtig es ist, sich in den Prozess selbst zu verlieben und ihn langsam, aber dafür kontinuierlich anzugehen.

Auch wenn ich mich unsicher fühle, vertraue ich auf mich und das Leben.
Für Außenstehende mag es kaum zu glauben sein, dass ich Unsicherheit empfinde. Von außen ist sichtbar, dass ich mutig vorangehe, meine Ziele und Träume verwirkliche, immer wieder aus Feh-

lern lerne, innovativ denke, mich gut selbst präsentieren kann und unerschrocken Herausforderungen angehe. Doch lange Zeit plagte ich mich mit Symptomen des sogenannten Hochstapler-Syndroms: Ich konnte mich nie selbst wertschätzen für meine Erfolge, sondern schrieb alles dem Zufall oder Glück zu. Misserfolge erlebte ich viel bewusster und fühlte mich von ihnen stärker in meinem Selbstbild bestätigt als von den viel häufigeren und größeren Erfolgen. Ich hatte oft die Sorge, dass eines Tages »auffliegen« könnte, dass ich doch eigentlich gar keine Ahnung hatte und eben: eine Hochstaplerin bin; die ich aber gar nicht war, denn meine Expertise stand und steht auf einem soliden Fundament. Die Transformation dieses Glaubenssatzes brachte mir eins der größten Geschenke: Ich erkannte, dass genau diese Unsicherheit eine unglaubliche Stärke war. Dadurch, dass ich mir nie zu schnell zu sicher war, prüfte ich gründlich und konnte fundierte Entscheidungen treffen. Als die Unsicherheit ihre Bedrohlichkeit verlor, konnte ich sie mir sogar noch mehr zunutze machen und häufiger abrufen, um keine voreiligen Schlüsse zu ziehen oder Fehlentscheidungen zu riskieren. Dazu gab eine meiner Mentorinnen mir ein wundervolles Bild mit auf den Weg, das mir sehr dabei half, ins Vertrauen auf mich und das Leben zu kommen. Sie sagte zu mir: Stelle dir vor, du bist ein Ast am Gebüsch am Ufer eines Flusses. Irgendwann brichst du ab und fällst in den Fluss des Lebens. Du trittst deine Reise an und treibst mit der Strömung. Sie fragte mich: »Was ist für dich als Ast daran sicher?« Ich antwortete, dass ich wohl immer Auftrieb haben würde und nicht untergehen könnte. Der Verlauf des Flusses ist ohnehin vorgegeben, das ist also auch sicher. Ich würde immer mit der Strömung schwimmen, also ist die Richtung auch sicher. »Und was ist nicht sicher für dich?« Ich antwortete, dass ich stecken bleiben oder zerbrechen könnte. Was sie mir daraufhin entgegnete, war so einfach wie erhellend: »Dann würdest du feststecken oder wärst zweigeteilt. Was wäre daran wirklich unsicher für dich?« Ich verstand, dass es Dinge gab, die ich ohnehin nicht beeinflussen konnte. Und wie Karin Kuschik so schön sagt: Sorgen sind genauso sinnvoll, wie sich ein Pflaster aufzukleben, bevor man sich geschnitten hat.

Da ich im Umgang mit Kindern schon immer eine große Begeisterung und Leichtigkeit hatte, hatten meine alten Glaubenssätze zunächst wenig mit Kindern zu tun. Doch sowohl in meinem beruflichen als auch privaten Umgang mit Kindern entdeckte ich plötzlich riesige Unterschiede, die sich in Konsequenz meiner inneren Arbeit ergaben. Allem voran stellte ich fest, dass ich eine viel größere Kapazität hatte als angenommen. Kapazität bedeutet für mich in diesem Zusammenhang eine Mischung aus Geduld, Kraft, emotionaler Präsenz, Achtsamkeit und der Fähigkeit, die eigenen Bedürfnisse kurz hintanzustellen, aber auch für eigene Grenzen einzustehen. Ein Beispiel:

In der bereits erwähnten Zahnputzsituation baute sich bei den ersten Malen, in denen ich auf den Widerstand des Kindes traf, ein immer steilerer Spannungsbogen auf. Er endete schließlich wiederholt damit, dass ich wütend würde, schimpfte, den Raum verließ oder für den Moment aufgab. Manchmal weinte das Kind, manchmal ich, manchmal wir beide. Nachdem ich anfing, mich mit den inneren Prozessen und mir selbst mehr zu beschäftigen, erlebte ich den gleichen Widerstand des Kindes und die gleiche herausfordernde Situation völlig anders: Ich verstand, dass das Kind in Not war und meine Unterstützung brauchte. Gleichzeitig verstand ich aber auch, meine eigenen Signale zu lesen. Wenn ich merkte, dass ich in dem Moment nicht mehr auf die Kooperationsbereitschaft des Kindes hinarbeiten konnte, war ich in der Lage, ganz ruhig und souverän ohne dramatischen Abgang zu sagen: »Ich brauche jetzt eine kurze Pause. Ich gehe mal eben etwas anderes machen. Dann komme ich wieder zu dir, und wir versuchen es noch einmal.« Auch wenn Trennungen in Konfliktsituationen nicht das erste Mittel der Wahl sind, ist ein wenig Distanz manchmal der einzige Weg, um sich selbst wieder gut regulieren zu können. Der Anspruch, perfekte Eltern zu sein, ist ohnehin absurd. Mit gutem Gewissen konnte ich diesen meinen Weg gehen und dabei sowohl meine Integrität als auch die des Kindes sehr viel besser wahren als zuvor. Ich hatte die Intensität meiner eigenen Gefühlsausdrücke in angemessene, erwachsene Bahnen gelenkt, anstatt mich in der Situation von meinen überkochenden Emotionen lenken zu lassen. Diesen Weg erlebte und erlebe ich als goldene Mitte zwischen der Orientierung an den Bedürfnissen des Kindes und der Berücksichtigung meiner eigenen Bedürfnisse und Grenzen.

Ich spoilere ungern all diejenigen, die nun glauben, mit der Auflösung einer solchen Situation sei es getan: Das ist es leider nicht. Immer wieder erlebe ich unterschiedliche Momente, die alte Glaubenssätze in mir reaktivieren oder bisher unerkannte aufdecken. Aktuell ist es im Umgang mit meinem Bonuskind beispielsweise das Ignorieren: Ich stelle eine Frage und bekomme einfach keine Antwort darauf, oder ich formuliere einen Auftrag und werde einfach ignoriert. Doch ich kann diese Momente jetzt von meinem eigenen Selbstwert entkoppelt betrachten und als das, was sie sind: Interaktionen, zu denen jeder seinen Beitrag leistet und dank derer wir einander und uns selbst immer besser kennenlernen können. Interaktionen, die wir gemeinsam gestalten mit den Voraussetzungen, die wir haben, und den Werten, die uns wichtig sind. Es wird nicht zu dem einen Moment kommen, ab dem es plötzlich ganz anders läuft und wir das Durchbrechen transgenerationaler Muster »geschafft« haben oder »geheilt« sind. Jeder Tag voll mit unzähligen Interaktionen ist bereits Teil des Erfolgs und Teil der Heilung.

Früher hast du mich oft durch die halbe Wohnung zum Abendessen gerufen, während ich noch in meinem Zimmer gespielt habe. Zweimal, dreimal, zehnmal hast du meinen Namen gerufen. Manchmal habe ich es gar nicht richtig mitbekommen, manchmal hatte ich gerade noch etwas ganz Wichtiges zu tun. Oft endete alles in einem großen Streit, du hast geschimpft, ich habe geweint.

Wenn du heute möchtest, dass ich zum Abendessen komme, kommst du in mein Zimmer, setzt dich kurz neben mich und fragst mich, was ich gerade mache. Du sagst, dass es bestimmt schwer ist, mich vom Spiel zu lösen, aber dass das Abendessen fertig ist. Oft sagst du dann, dass ich ins magische Taxi einsteigen kann, das mich dann ganz komfortabel auf deinem Rücken bis an den Abendessenstisch transportiert.

Früher hast du morgens oft gesagt, ich soll schon mal meine Schuhe anziehen, während du noch das Baby fertigmachst. Meist saß ich so lange verträumt auf dem Boden und bin irgendwann weggelaufen. Du musstest mir dann hinterherlaufen, mich lange überreden zurückzukommen, und am Ende waren wir alle schweißgebadet, bis wir überhaupt erst mal aus dem Haus kamen.

Heute scherzt du manchmal mit mir, dass ich mich als großes Baby neben das kleine Baby legen soll, damit du uns beiden die Schuhe anziehen kannst. Manchmal finde ich das richtig schön und mache mit, denn ich war ja auch gern dein Baby. Und manchmal sage ich dir, dass das totaler Quatsch ist, schließlich kann ich schon selbst super meine Schuhe anziehen.

Früher hast du oft geschimpft, gemeckert und warst unzufrieden mit mir. Mit dir selbst vermutlich auch. Dass du mal eine Pause machst, habe ich eigentlich nie gesehen.

Nein hast du eigentlich nur zu mir gesagt, zu sonst niemandem.

Heute scheinst du mich besser zu kennen. Und dich selbst auch. Manchmal bin ich so im Spiel vertieft, und wenn ich wieder zu dir komme, hast du dich so lange auf dem Sofa ausgeruht. Zu mir sagst du viel seltener Nein, und wenn, dann hat es einen guten Grund. Dafür sagst du zu anderen öfter Nein, und das scheint einiges für dich zu verändern.

Denn wenn du für mich da bist, so wie ich es brauche, dann kann ich mich auch fallen lassen und dir vertrauensvoll folgen. Und das tut uns beiden richtig, richtig gut.

WENN ICH DAS PROBLEM BIN, BIN ICH AUCH DIE LÖSUNG.
Über Blockaden

Ich spiele mit meinem jüngeren Bruder im Kinderzimmer. Für eine ganze Weile macht uns das großen Spaß, doch irgendwann streiten wir uns um ein Verkleidungsstück. Wir ziehen beide so fest daran, dass mein Bruder auf den Boden fällt und anfängt, laut zu weinen. Ich höre dich rufen: »Was ist denn jetzt schon wieder los? Könnt ihr endlich mal mit den Streitereien aufhören?« Du kommst ins Zimmer und hilfst ihm auf, nimmst ihn in den Arm und tröstest ihn. Eigentlich brauche ich auch deine Hilfe, denn ich ärgere mich ja auch. Ich habe auch ein Gewitter im Bauch. Doch das siehst du irgendwie gar nicht. Du sagst zu mir: »Du bist doch schließlich älter, da kann ich doch wohl von dir erwarten, dass du ein bisschen Rücksicht nimmst und mal nachgibst. Schau, jetzt weint dein Bruder, und euer Spiel ist auch vorbei. Du könntest dich wirklich mal entschuldigen, dass er jetzt deinetwegen hingefallen ist.« Ich rolle mit den Augen und finde total doof, dass ich mich entschuldigen soll, obwohl wir beide an dem Verkleidungsstück gezogen haben. Aber ich weiß, dass du so lange sauer auf mich sein wirst, bis ich es tue. Also gehe ich halbherzig zu meinem Bruder und sage: »Entschuldigung« – ohne es zu meinen, ohne es wirklich zu verstehen.

Sowohl bei mir selbst als auch bei den Menschen, mit denen ich arbeitete, gab es immer wieder Fälle, wo wir mit verschiedenen Methoden und Gesprächen neue Wege geebnet hatten. Doch meine Klient:innen oder auch ich gingen diese Wege noch nicht, sondern blieben in alten Verhaltensmustern stecken. Der Leidensdruck war umso größer, da schon die Phase der »bewussten Inkompetenz« erreicht war. Das Bewusstsein, dass etwas schieflief, war also schon da. Ich spreche hier vom Phänomen der Selbstsabotage. Diese Mechanismen hindern uns daran, unsere volle Größe zu leben, unsere Ziele zu erreichen und zufrieden zu sein. Es mag paradox wirken, doch auch hier bin ich mittlerweile aufgrund meiner Erfahrung der Überzeugung, dass in der Selbstsabotage gute Gründe liegen.

Die Big-Five-Lösungsblockaden

Michael Bohne, ebenfalls ein Systemiker, der sich sehr intensiv mit dem Klopfen beschäftigt hat und eine eigene Klopf-Methode entwickelt hat, beschreibt fünf Selbstsabotage-Mechanismen, die »Big-Five-Lösungsblockaden«. Die Beschäftigung mit diesen Blockaden kann uns Anhaltspunkte dafür geben, was hinter den Limitierungen steckt, die uns vom Erreichen unserer Ziele abhalten.

1. Selbstvorwürfe

Dazu zählen all die abwertenden Selbstgespräche, die wir mit uns führen, wenn wir vermeintlich scheitern. Wenn wir uns durch Vorwürfe uns selbst gegenüber abwerten, entspringt das häufig einem niedrigen Selbstwertgefühl, vielleicht sogar der Überzeugung, wir hätten es nicht besser verdient. Doch diese Selbstvorwürfe sind eine Sackgasse. Wenn wir Fehler als Fehler sehen und uns dafür bestrafen, wird es schwer, Fehler als Erfahrungen umzudeuten und daraus zu lernen. Wenn du unter diesem Problem leidest, kann folgender Satz deinen Selbstvorwürfen entgegenwirken:

»Mit dem Wissen von heute hätte ich den gestrigen Fehler nicht gemacht. Doch ohne den gestrigen Fehler hätte ich nicht das Wissen von heute.«

Wir hatten mit unserem Kind beispielsweise über Jahre den »Müsli-Konflikt«. Es wollte die Schüssel immer randvoll mit Müsli haben, aß jedoch meist nicht einmal die Hälfte auf. Den Rest mussten wir wegwerfen, da niemand Lust auf aufgeweichtes Müsli hatte. Das widersprach unserer Wertschätzung gegenüber Nahrungsmitteln. Bei den ersten Malen ließen wir das Kind noch gewähren, damit es die Chance hatte, ein Gespür für den eigenen Hunger und die Mengen zu entwickeln. Doch das Kind blieb dabei, sich die Schüssel randvoll zu machen, selbst wenn wir es daran erinnerten, dass das am Vortag zu viel war. Wie es im Alltag so läuft, hatten wir nicht sofort die Gelegenheit, uns zu reflektieren und gemeinsam mithilfe der friedvollen Lösungsleiter einen guten Umgang mit dem Müsli-Konflikt zu finden. Stattdessen gab es immer wieder Streitigkeiten, in denen wir auch mal laut oder unfair wurden. Solange wir uns dafür selbst verurteilten und in diesem Ping-Pong-Spiel aus Selbstvorwürfen und Fremdvorwürfen feststeckten, löste sich die Situation nicht.

Erst als wir schließlich Schritt für Schritt die Lösungsleiter anwendeten, fanden wir einen gangbaren Weg – wir beschlossen, eine Begrenzung der Müsli-Portion als notwendige Frustration einzuführen und die Gefühle und Reaktionen des Kindes dazu gemeinsam durchzustehen. Nach vielen, vielen solcher Gefühlsstürme pendelte die Situation sich schließlich ein, und wir konnten irgendwann sogar dazu übergehen, dass das Kind sich wieder selbst die Schüssel füllen konnte. Dabei nahm es jetzt weniger, dafür aber öfter. Die Angst, nicht genug zu bekommen, schwingt bis heute manchmal mit und will bis heute von uns getragen und begleitet werden. Doch wir fühlen uns der Situation seitdem nicht mehr ausgeliefert und verfallen nicht mehr in Selbstvorwürfe.

2. Fremdvorwürfe

Fremdvorwürfe richten sich gegen andere und sind ebenso abwertend wie Selbstvorwürfe. Manchmal steckt hinter Fremdvorwürfen ebenfalls ein eigenes geringes Selbstwertgefühl, das sich als Reaktion gegen andere richtet und nicht gegen uns selbst. Ein häufiges Ziel von Fremdvorwürfen sind die eigenen Eltern. Doch in dem Moment, in dem wir ihnen Schuld geben, begeben wir uns automatisch in eine Opferrolle. Damit verwehren wir uns selbst unsere eigene Selbstwirksamkeit und Handlungsfähigkeit. In dem Moment, in dem wir bemerken, dass wir in Fremdvorwürfe verfallen, hilft ein Blick mit mildem Herzen auf die Dinge: Wer hat welche guten Gründe, welche Gefühle wollen validiert werden und wo ist es wichtig, aus Selbstliebe Grenzen zu setzen? Genauso, wie wir Fehler und Erfahrungen machen, steht das auch anderen zu.

Das ältere Kind aus der Beispielgeschichte, das nach dem Geschwisterstreit nur Vorwürfe hört, wird daraus nichts lernen, sondern lediglich einen Beziehungsabbruch zur erwachsenen Bezugsperson erleben. Eigentlich wissen wir ja auch, dass es bei jedem Konflikt immer mehrere Beteiligte und auch mehrere Perspektiven gibt und dass wir selbst uns sehr unwohl damit fühlen würden, wenn uns in so einer schwierigen Situation auch noch Vorwürfe gemacht werden.

Auch meine Klientin, die mit den Geschwisterstreitigkeiten ihrer Kinder haderte, verfiel oft in Fremdvorwürfe gegenüber ihren Kindern. Wir sammelten die Wörter und Sätze, die sie dann zu ihren Kindern sagte, um ihr Bewusstsein dafür zu schärfen, wann sie in diese Falle tappte:

»Immer seid ihr so laut!«

»Könnt ihr euch jetzt mal kurz zusammenreißen?«

»Was soll denn das schon wieder?«

»Ist das euer Ernst?«

»Warum müsst ihr immer …?«

Diese Sätze schrieb sie auf einen Notizzettel und klebte ihn an einen Spiegel, an dem sie mehrmals täglich vorbeikam. Damit prägten sich die Aussagen immer besser ein. Meine Klientin konnte sie mit der Zeit ganz leicht als Signale dafür wahrnehmen, dass sie gerade nicht in der souveränen elterlichen Führungsrolle war und womöglich ein eigenes unerfülltes Bedürfnis oder bereits eigene Grenzen übersehen hatte.

3. Überhöhte Erwartungshaltung

»Das kann man nun wirklich von dir erwarten« ist ein genauso gemeiner wie sinnloser Satz, egal, gegen wen er sich richtet. In Bezug auf Kinder wissen wir bereits, dass grenzüberschreitendes Verhalten oder Widerstand ein Zeichen für zu hohe Erwartungen sein können. Wir werden mit Druck immer nur Gegendruck erzeugen und keine Erfolge erzielen, wenn wir unsere Erwartungen zu hoch ansetzen. Erwartungsdruck kann Beziehungen schnell belasten und dafür sorgen, dass die Verbindung leidet. Auch wird ein Kind, das zu einer Entschuldigung gezwungen wird, sie in der Regel nicht ehrlich so meinen, sondern nur aus dem Druck heraus handeln.

Wir haben traurigerweise auch selbst nie wirklich gelernt, uns aufrichtig zu entschuldigen, weil früher wie heute üblich ist, Kinder zu Entschuldigungen zu zwingen. Das macht keinen Sinn, denn sie werden dadurch kein echtes Einfühlungsvermögen lernen, sondern lediglich, wie man Erwachsene bei Laune hält oder vielleicht noch, wie man seine Fehltritte besser kaschiert, um Ärger zu vermeiden. Das ist es jedoch nicht, worum es bei einer Entschuldigung geht. Es geht darum, die Verletzung des anderen zu verstehen und zu würdigen. Im Sinne der guten Gründe ist dabei wichtig, beiden Seiten Gehör zu schenken. Oft solidarisieren wir uns dann mit dem Opfer und verurteilen und bestrafen den oder die Täter:in. Diese:r ist jedoch auch zum Teil Opfer. Das muss keinesfalls bedeuten, dass wir die Tat gutheißen. Wir müssen Grenzen und Regelverletzungen unbedingt thematisieren. Weit sinnvoller, als eine Entschuldigung zu erzwingen oder zu bestrafen, ist jedoch, gemeinsam ressourcen- und lösungsorientiert zu erarbeiten, wie das Einhalten von Regeln und Grenzen besser gelingen kann und was wir dafür womöglich noch brauchen. Das Ergebnis dieses veralteten Vorgehens können wir an uns selbst erkennen: daran, wie schwer es uns manchmal fällt, milde im Herzen zu sein, wirklich empathisch auf andere zu reagieren oder unseren Stolz und Trotz hinter uns zu lassen.

Auch wir dürfen und sollen uns bei unseren Kindern entschuldigen, wenn wir sie verletzt haben. Geeignet sind ganz schlichte Worte wie »Es tut mir leid, dass ich dich auf der Straße so nachgemacht habe. Das war nicht okay.« Bitte mache niemals eine Entschuldigung mit einem »aber« zunichte, beispielsweise mit dem Nachsatz: »… aber du hast dich auch so aufgeführt, dass ich nicht anders konnte.« Damit schieben wir die Schuld auf das Kind. Das ist aber nicht der Sinn einer echten Entschuldigung.

Nicht nur unseren Kindern gegenüber haben wir manchmal überhöhte Erwartungen, sondern auch in der Partnerschaft oder Ehe. Diese Erwartungen sind häufig daran gekoppelt, dass ein:e Partner:in die Kommunikation ausbaufähig findet. Wie oft habe ich in meinen Beratungen mit Bezug zur Partnerschaft schon den Satz gehört »Da muss er oder sie doch mal selbst draufkommen!« – das Paradebeispiel der überhöhten Erwartungshaltung. Sicherlich wäre wünschenswert, würde der oder die Partner:in selbst draufkommen, doch offenbar tut er oder sie das nun einmal nicht. Wenn wir in der Erwartungshaltung und dem Ärger darüber stecken bleiben, wird das jedoch niemanden voranbringen. Der Ausweg beginnt mit der radikalen Akzeptanz des Ist-Standes und der damit einhergehenden eigenen Gefühle. Wenn wir die Enttäuschung, Wut oder Traurigkeit zulassen und zu Ende fühlen, werden wir sie loslassen und das Problem lösungsorientiert angehen können. Wir können dann trotzdem über unsere Gefühle sprechen, werden dies aber aus einer eigenverantwortlichen Haltung heraus tun – im Sinne einer Selbstoffenbarung und nicht in der Erwartung, gerettet zu werden. So traurig und niederschmetternd die Erkenntnis sein kann: Wir sind jetzt nun einmal erwachsen, egal wie viele unerfüllte Bedürfnisse aus der Kindheit wir noch mit uns herumtragen, und wir sind für uns selbst verantwortlich. Niemand kann und sollte uns die bedingungslose Liebe und Zuwendung geben, die wir von unseren Eltern hätten erfahren sollen – außer wir selbst, wenn wir uns nachbeeltern, also versuchen, allein oder in einer Therapie nachträglich Bedürfnisse zu erfüllen. (Mehr dazu erfährst du im letzten Kapitel.) Verbindungen zu anderen Menschen können uns dennoch nähren, nur brauchen sie dafür einen gesunden Nährboden: realistische Erwartungen, Grenzen, ehrliche Kommunikation auf Augenhöhe und Selbstregulationsfähigkeiten.

4. Ins innere Kind kippen

Manchmal beschreiben Eltern mir Diskussionen mit ihren Kindern, die klingen, als würden sich zwei Kinder miteinander streiten. Oft werden darin alle bisherigen Lösungsblockaden miteinander vermischt, Vorwürfe fliegen hin und her, und die Kommunikation verläuft alles andere als konstruktiv. Kein Wunder – junge Kinder haben schlicht noch nicht die Fähigkeit, souverän und gewaltfrei miteinander zu kommunizieren. Das gilt für echte Kinder wie auch für die Momente, in denen wir Erwachsenen ins innere Kind kippen. Eigentlich sind wir in diesen Fällen selbst in großer Not und sehr bedürftig, sodass wir die starke elterliche Führungsrolle nicht mehr halten können. Diese Situationen dürfen wir immer als Weckrufe unserer inneren Kinder verstehen, die darauf aufmerksam machen, dass sie unsere Unterstützung brauchen. Selten ist es im Familienalltag möglich, sich aus brisanten Situationen heraus eine Stunde für eine Innere-Kind-Arbeit zu nehmen. Das braucht es auch nur gelegentlich. Wir dürfen uns diese Situationen merken oder notieren und bei nächster Gelegenheit entsprechend der kombinierten Inneren-Kind-Methode (siehe dazu das letzte Kapitel) auflösen und uns selbst nachbeeltern, also im Nachhinein dafür sorgen, dass unsere Bedürfnisse in einer bestimmten Situation gesehen werden. Ich beobachte sowohl bei mir selbst als auch bei allen Menschen, die mit dieser Methode arbeiten, dass dieser Selbstsabotage-Mechanismus (und auch alle anderen) mit der Zeit immer seltener auftritt und immer mehr Raum zwischen Reiz und Reaktion entsteht, der uns dazu befähigt, uns souverän und gut reguliert zu verhalten. Es ist also möglich, mit dieser Methode nachzureifen.

5. Dysfunktionale Loyalitäten

Welche Botschaft vermitteln wir eigentlich unseren Eltern, wenn wir unsere Kinder so völlig anders begleiten, als sie es bei uns getan haben? Und welche Selbstaussage würden sie über sich treffen, wenn sie uns beipflichten würden, dass es emotionale Gewalt ist, ein Kind schreien zu lassen, wenn sie das doch seinerzeit selbst getan haben? Richtig, es könnte wie ein Schuldeingeständnis wirken oder als hätten sie versagt, wären nicht gut genug gewesen. Für die allermeisten Menschen ist es sehr schwer, die eigenen Entscheidungen vom Selbstwert abzukoppeln und getrennt voneinander zu betrachten.

Was würde an unterschwelligen Botschaften mitschwingen, wenn wir, anders als unsere Eltern, beruflich erfolgreich werden und sie damit »überholen«? So etwas wie »Ich bin besser als ihr«? Oder »Ihr habt es nicht so gut hinbekommen«? Manchmal erlauben wir uns selbst nicht, Erfolge zu haben oder Ziele zu erreichen, weil wir Angst haben, damit andere zu verletzen. Doch solche Loyalitäten sind dysfunktional, sie dienen uns und den anderen nicht. Sie schaden eher.

Allem voran liegt es nicht in unserer Verantwortung, den Selbstwert unserer Eltern oder sonstiger anderer Menschen zu schützen oder zu schonen, indem wir uns selbst kleinmachen. Abgesehen davon ist das kein nachhaltiger Weg, denn spätestens, wenn wir deswegen irgendwann unzufrieden sind, landen wir in Selbst- oder Fremdvorwürfen und begeben uns in eine Abwärtsspirale aus Lösungsblockaden und Unzufriedenheit, die sich immer weiter selbst bedingen. Irgendwann sehen wir es nämlich doch nicht als eigene Entscheidung an, uns kleingehalten zu haben, sondern werfen unbewusst den anderen vor, uns nicht genug unterstützt zu haben. Das ist unfair, denn faktisch liegt es in unserer Verantwortung, unseren eigenen Weg zu gehen, Lösungsblockaden zu entdecken und aufzulösen.

Mit folgender Frage gelingt es uns, dysfunktionale Loyalität aufzudecken: »Wen würde ich verletzen, wenn ich die souveränste und strahlendste Version meiner selbst wäre?« Im nächsten Kapitel machen wir uns auf die Suche.

Dem inneren Saboteur auf der Spur

»Wen würde ich verletzen, wenn ich die souveränste und strahlendste Version meiner selbst wäre?« Die Antwort auf diese Frage zu finden, kann sehr herausfordernd sein, gerade weil der innere Saboteur diese Suche behindern kann.

Meine Klientin nahm außerhalb der Eins-zu-eins-Begleitung an einem meiner Impulsabende zum Thema Selbstsabotage teil und kam in die nächste Sitzung mit zahlreichen Erkenntnissen und Gedanken. Ich thematisierte an dem Abend auch die sogenannte »sichere Grundanspannung«, also den emotionalen Erregungszustand, den wir als sicher wahrnehmen, weil er uns vertraut ist. Wenn sie auf die Zeit der Geschwisterkonflikte in ihrer eigenen Kindheit zurückblickte, so war es eigentlich nicht überraschend, dass die Stimmung nun auch in ihrer eigenen Familie häufig angespannt war – sie kannte es schließlich nicht anders. Sie hatte nie die Erfahrung machen dürfen, beim Streitschlichten von gut regulierten Eltern begleitet zu werden. Doch wenn ich sie fragen würde, ob sie sich eine entspanntere und harmonischere Atmosphäre wünschen würde, würde sie natürlich zustimmen. Nur die Umsetzung ist ihr bisher nie gelungen. Ich schlug vor, mit diesem inneren Saboteur, der immer wieder Dramen reproduzierte, ins Gespräch zu gehen. Meine Klientin war einverstanden, und so arbeiteten wir mit der Methode der Visualisierung des inneren Saboteurs, die ich dir weiter unten in einem Impuls detailliert vorstelle. Diese Methode erlaubt, sich der Selbstsabotage auf behutsame Weise zu nähern.

Nach der Begegnung mit dem inneren Saboteur berichtete meine Klientin, dass sie ganz deutlich sehen konnte, wie wohl sich dieser sabotierende Teil in ihr mit den Geschwisterkonflikten gefühlt hatte. Er fühlte sich wohlig-warm und vertraut an, obwohl er ihren Alltag doch stark belastete. Diese Erkenntnis verblüffte meine Klientin sehr. Sie hatte noch nie darüber nachgedacht, dass herausfordernde Situationen einen versteckten Nutzen haben könnten. Sie hatte auch die Idee, dass sie sich unbewusst selbst nicht erlaubt hatte, die Geschwisterkonflikte kindgerechter und friedvoller zu begleiten, weil dieser Umgang mit den jüngeren Kindern wie eine Parallele und damit eine Verbindung zwischen ihrer Mutter und ihr war. Nach der Trennung der Eltern hatte sich die Beziehung zwischen Mutter und Tochter deutlich abgekühlt, was viel Trauer in meiner Klientin ausgelöst hatte. Dieser Trauer hatte sie noch gar nicht viel Raum gegeben. Indem sie das Verhaltensmuster unbewusst reproduzierte, fühlte sie sich ihrer Mutter näher. Zuvor war ihr das gar nicht bewusst gewesen, doch sie hatte es sich schlichtweg noch nicht erlaubt, einen neuen Weg im Umgang mit ihren Kindern zu beschreiten.

Nach dieser Einheit ließen wir bewusst ein paar Wochen vergehen, sodass sich alle Erkenntnisse setzen konnten und die Mama im Alltag neue Handlungsweisen ausprobieren konnte. In der folgenden Stunde berichtete sie von Veränderungen, die sie selbst nicht für möglich gehalten hatte. Der frühere Auslöser ihrer Wut, nämlich die Streitigkeiten zwischen den beiden Kindern, war annähernd vollständig neutralisiert. Sie konnte die Konflikte jetzt in den meisten Fällen mit Ruhe und mildem Herzen begleiten. Sie begegnete den Kindern immer erst einmal mit der »Okay-Haltung«, hörte sich beide Seiten an und fragte zuerst die Kinder, ob sie Lösungsvorschläge hatten. Sie nutzte die friedvolle Lösungsleiter und die Klopfmethode auch im Alltag und fand darin Halt und Orientierung, um ihre elterliche Führungsrolle ausführen zu können. Auch in ruhigen Situationen sprachen sie als Familie viel mehr über Gefühle und Bedürfnisse, schauten sich dazu Bücher an und entwickelten so nach und nach eine immer solidere Basis für einen friedvollen Umgang miteinander. Damit endete unser Beratungsprozess.

Ich spiele mit meinem jüngeren Bruder im Kinderzimmer. Für eine ganze Weile macht uns das großen Spaß, doch irgendwann streiten wir uns um ein Verkleidungsstück. Wir ziehen beide so fest daran, dass mein Bruder auf den Boden fällt und anfängt, laut zu weinen. Bevor du zu uns kommst, sammelst du dich selbst und richtest deinen Fokus darauf aus, was als Erstes sinnvoll ist: die Situation zu beruhigen. Du kommst ins Zimmer, gehst in die Hocke zu uns auf Augenhöhe und fragst ohne Vorwurf nach: »Okay, was passiert hier gerade?« Mein Bruder zeigt weinend auf mich, ich fange sofort an, mich zu rechtfertigen und zu verteidigen. Du entdeckst das Verkleidungsstück zwischen uns, zeigst darauf und fragst: »Geht es darum, dass ihr das gerade beide gleichzeitig haben wollt?« Wir beide nicken, ich schiebe sogar noch hinterher: »Ich hatte es aber zuerst!« Du bleibst weiterhin gelassen: »Okay, das ist natürlich verzwickt, wenn beide gleichzeitig dieselbe Verkleidung haben wollen! Jetzt habt ihr versucht, darum zu kämpfen, und das hat nicht geklappt, oder?« Wieder nicken wir, mein Bruder weint noch einmal ein bisschen lauter auf. Du legst eine Hand auf die Schulter meines Bruders, eine Hand auf meine: »Euch ist es gerade beiden ganz arg wichtig, sich genau damit zu verkleiden. Nur leider geht das nicht gleichzeitig. Das ist schade! Wenn Kämpfen nicht funktioniert hat, sollten wir einen anderen Weg ausprobieren, wie wir das klären können.« Wir Kinder werden ruhiger und atmen ein wenig durch. Du fragst nach, was wir eigentlich mit der Verkleidung spielen wollten, und ich erkläre dir, dass wir beide das gleiche Tier sein wollten. Du gibst zu bedenken, dass Tiere ja auch immer ein wenig unterschiedlich aussehen und vielleicht einer von uns auch noch ein anderes Verkleidungsstück finden könnte, das passt. Zögerlich gehe ich zur Verkleidungskiste und fange an, darin zu suchen. Tatsächlich finde ich etwas Passendes. Du schlägst vor, dass wir mithilfe der Sanduhr die Verkleidung immer wieder tauschen können, damit es gerecht für uns beide ist. Damit sind wir beide einverstanden, und noch bevor du das Zimmer verlassen hast, sind wir wieder vollkommen in unser Spiel eingetaucht.

Visualisierung des inneren Saboteurs

Nimm zuerst die Selbstsabotage, den inneren Saboteur in dir wahr. An welcher Stelle im Körper kannst du ihn entdecken? Fühle mal dort hinein. Welche Farbe oder Konsistenz kannst du feststellen? Oder ist dein innerer Saboteur eine Person? Welche Kleidung trägt er? Welche Körperhaltung hat er? Du kannst hier nichts falsch machen, lass einfach die Bilder aufkommen, die sich zeigen wollen.

Dieser innere Saboteur will am Drama festhalten. Nimm das wahr, ohne es zu bewerten. Dann frag ihn mal: Wozu dienst du mir? Wozu klammerst du dich an den Schmerz, den Stress, die Unzufriedenheit?

Es kommen jetzt genau die richtigen Antworten zu dir, die du gerade brauchst.

Wozu dient dir dieser Schmerz? Was ist der versteckte Nutzen davon, dass du nicht deine volle Größe lebst? Wieso hast du mehr Angst vor deiner wahren Größe als vor diesem Schmerz? Lass all die Gefühle dazu fließen. Es darf sich genau das zeigen, was jetzt gesehen werden möchte.

Bleib dabei milde mit dir selbst. Es ist auch schwer, Verantwortung zu übernehmen. Manchmal wäre es so schön, einfach noch mal Kind zu sein, nichts tragen oder halten zu müssen. In der Opferrolle zu bleiben und im Selbstmitleid zu baden. Welche Widerstände machen es dir gerade noch bequem in deiner Trägheit, deinem leidvollen Ich? Welche davon brauchst du wirklich noch? Und was davon brauchst du nicht mehr und kannst es loslassen?

Blicke jetzt mit dem Filter des milden Herzens auf deinen inneren Saboteur. Er hat dir bis hierher auch gute Dienste geleistet, dich beschützt. Bedank dich bei ihm, sprich mir nach: Danke, dass du für mich da warst. Jetzt brauche ich dich nicht mehr. Es gibt jetzt keine Notwendigkeit mehr, mich kleinzuhalten und weiter selbst zu sabotieren. Ich erlaube mir, mich von all dem Schmerz, all dem Drama zu befreien. Die alten Strategien sind mir nicht mehr dienlich.

Erlaube es dir. Du bist bedingungslos wertvoll und hast ein Leben in Leichtigkeit und Harmonie verdient. In der Versöhnung mit dem inneren Saboteur, in der Annäherung, erfährst du Befreiung und Entspannung. So viel mehr Kraft steht dir nun zur Verfügung, wenn all die Anspannung sich nach und nach löst, der Widerstand gehen darf. Du darfst dir selbst den Weg freimachen. Lass los, lass deine Schultern locker, die kleinen Muskeln rund um die Augen.

Nimm ganz bewusst diese Entspannung wahr. Es ist nicht mehr notwendig, sich selbst zu sabotieren.

Wenn du merkst, dass doch noch etwas übrig ist an Widerstand oder Selbstsabotage, denk daran, dass du dich im ständigen Wachstum befindest. Du darfst dir selbst immer wieder begegnen und deine Widerstände und Spannungen lösen.

Blicke zum Abschluss dieser Begegnung noch einmal mit mildem Herzen auf dich selbst. Du kannst so dankbar sein für diese Chance, die du dir selbst gibst. Du darfst einfach sein. Sprich mir zum Abschluss noch einmal nach: Ich bin da. Ich bin bedingungslos liebenswert. Ich bin gut, so wie ich bin. Es ist gut und sicher für mich, meine Ziele zu erreichen.

DER EINZIGE AUSWEG FÜHRT NACH INNEN.

Über Erziehungsdifferenzen und individuelle Wege

Du weckst mich auf, ich öffne die Augen, blinzele und blicke in ein besorgtes Gesicht. »Oh nein! Dein Auge ist ja ganz verklebt!«, sagst du beunruhigt. Ich wundere mich, bin verunsichert, was das bedeutet.

Wir gehen heute nicht in die Krippe, sondern zum Arzt. Der untersucht mich und stellt eine Bindehautentzündung fest.

»Damit die anderen Kinder nicht auch krank werden, darfst du für ein paar Tage nicht in die Krippe. Und es gibt Augentropfen.«

Mama? Papa? Was sind überhaupt Augentropfen? Du zeigst mir das Fläschchen und erklärst mir, dass die Tropfen mein Auge wieder gesund machen. Da soll was in mein Auge?! Niemals. Das kann ich mir nicht vorstellen. Das will ich nicht!

Du erklärst es mir noch mal und betonst, wie wichtig es ist. Du malst ein lustiges Bild mit Augentropfen-Rittern, die die Bakterien-Bösewichte in meinem Auge bekämpfen.

Immerhin lege ich mich schon mal auf mein Bett, damit du mir – ohne zu tropfen! – zeigen kannst, wie das ablaufen würde.

Aber ich will es nicht, schüttele den Kopf.

MaPa steht daneben und wird immer ungeduldiger. »Da gibt es jetzt gar keine Diskussion, die Augentropfen werden genommen und fertig! Stell dich nicht so an, das ist nun wirklich nicht so schlimm!«

Ich drehe mich um und vergrabe mich unter meinem Kissen. Dumpf höre ich, wie ihr beide miteinander diskutiert: »So ein Theater wegen ein paar Augentropfen, das kann doch nicht wahr sein!«, sagt MaPa. Du entgegnest, dass ich nun einmal Angst zu haben scheine, aber MaPa bleibt dabei: »Es gibt überhaupt keinen Grund, Angst zu haben. Wir bringen das jetzt einfach hinter uns. Und du machst besser mit, oder willst du etwa, dass dein Auge für immer krank bleibt?«

Für immer krank bleibt? Ich erschrecke, denn das will ich natürlich nicht ... Vorsichtig schiele ich unter dem Kissen hervor, da schnappt MaPa mich schon und hält mich fest. »Los, tropf jetzt!« Du presst deine Lippen zusammen, ich meine Augen. Doch dann tropfst du und als die kalten, nassen Tropfen meine Lider berühren, fange ich an, laut zu weinen. Mit den Worten »Meine Güte, man kann sich aber auch anstellen« geht MaPa aus dem Raum und du mit einem Kloß im Hals hinterher.

Den Weg der Selbstreflexion und inneren Arbeit überhaupt zu gehen, ist oft schon sehr mühsam. Wir müssen uns immer wieder bewusst dafür entscheiden und Zeit, Kraft und Motivation investieren. Doch schon heute können wir sagen, dass es sich bewährt, diese Mühen auf sich zu nehmen. Wir erleben Kinder, die bedürfnisorientiert aufwachsen und ein starkes Selbstwertgefühl haben, selbstständig und sicher gebunden sind, Konfliktfähigkeit, Resilienz und echte Empathie entwickeln. Wir erleben Erwachsene, die sich selbstwirksam im Umgang mit Herausforderungen erleben, durch die Methode des Nachbeelterns Altlasten loslassen können und feststellen: Es ist nie zu spät für eine glückliche Kindheit. Es heißt dabei, dass es reicht, wenn ein Kind nur eine feinfühlige Bezugsperson hat, die die Bedürfnisse wahrnimmt und im Großen und Ganzen erfüllt, je nach Priorisierung. Ich sehe diesen Satz sehr kritisch, wenn er auch in der Theorie für die kindliche Entwicklung stimmen mag. Denn wenn Eltern sehr unterschiedliche Ansätze verfolgen, bringt das eine Reihe von Herausforderungen mit sich.

Befinden wir uns in der Situation, dass sich die Werte des oder der Menschen, mit denen wir unsere Kinder gemeinsam begleiten, von unseren unterscheiden, landen wir automatisch in einem Spannungsfeld. Das Wort Spannung ist hier zunächst wertfrei zu betrachten. Spannungen müssen nicht immer negativ sein, und vor allem müssen sie nicht immer negative Folgen haben. Reibung erzeugt ebenfalls Wärme, und aus Diskussionen über zwei konträre Ansätze kann auch ein gemeinsamer neuer Weg entstehen. In anderen Fällen bilden sich jedoch Spannungen, die zu Konflikten führen, beispielsweise wenn ein Elternteil adultistisches Verhalten gegenüber dem Kind vermeiden möchte, der andere Elternteil jedoch der Meinung ist, Strafen oder trennungsbasierte Methoden seien nicht so schlimm. Genauso ist es auch in der Geschichte mit den Augentropfen. Ein Elternteil würde vielleicht gerne einen sanfteren Weg der Medikamentengabe wählen, doch der bestimmende Tonfall des anderen Elternteils verhindert jegliche Versuche der friedvollen Begleitung. Schnell passiert es dann, dass die erst kürzlich entdeckte wertschätzende Haltung gegenüber dem Kind verworfen wird und alte, bequemere Verhaltensmuster die Oberhand gewinnen. Genauso ist es, wenn ein Elternteil die Angst des Kindes beim Einschlafen ernst nimmt und es in den Schlaf begleiten möchte, der andere Elternteil das jedoch als »Verwöhnen« ansieht. Dieser Konflikt kann sich verstärken, wenn der erste Elternteil sich Unterstützung oder Entlastung bei der Einschlafbegleitung wünscht, der andere jedoch nicht bereit ist, diese Aufgabe auch einmal zu übernehmen, weil er oder sie es schlicht nicht richtig findet, dass das Kind nicht allein einschläft.

Hier wird deutlich, warum die Annahme, dass das Kind nur eine feinfühlige Bezugsperson braucht, nicht zu Ende gedacht ist: Eine Person allein wird zwangsläufig an ihre Grenzen geraten, wenn sie ein oder auch mehrere Kinder ohne Unterstützung begleiten muss. Pausen sind keine Erfindung der Selfcare-Industrie, sondern Voraussetzung dafür, nachhaltig gut für sich und andere sorgen zu können. Sehr sinnvoll ist also, sich ein Unterstützungsnetzwerk aufzubauen, das von gemeinsamen Werten getragen wird.

Wie können wir im Familienleben ganz konkret damit umgehen, wenn der oder die eigene Partner:in völlig konträre Vorstellungen von Erziehung hat?

Wir können andere Menschen nicht verändern und nur selten in eine Richtung beeinflussen, die uns recht wäre. Somit sind unsere Möglichkeiten hier begrenzt, wenn unser Gegenüber keine Offenheit und Bereitschaft für Austausch und Lösungsfindung mitbringt. Doch eine entwicklungsfördernde und möglichst konfliktfreie Umgebung für unsere Kinder kann eine so hohe Priorität haben, dass es keine Option ist, im Spannungsfeld der Erziehungsdifferenzen zu verharren.

Unterschiede reflektieren

Zunächst ist wichtig, die Erziehungsdifferenzen gut zu verstehen. Dabei helfen all die Ansätze, die wir auch bei Kindern anwenden können. In Form von Reflexionsfragen können sie uns helfen, unsere unterschiedlichen Herangehensweisen an Erziehung zu reflektieren.

- Bei welchen konkreten Themen oder Situationen seid ihr unterschiedlicher Meinung?
- Was ist das Problem an diesem Problem?

- Wer hat welche guten Gründe und unerfüllten Bedürfnisse in der Situation?
- Wo hast du / habt ihr zu hohe Erwartungen?
- Wo haben andere zu hohe Erwartungen?
- Welche Dynamiken und Muster haben sich in der Beziehung etabliert?
- Welche im ganzen Familiensystem?
- Wer profitiert von diesen Mustern, wer nicht?
- Was würde dein Kind darüber sagen, wie ihr als Eltern als Team agiert?
- Was würde dein:e Partner:in darüber sagen?
- Was wäre, wenn du dich mit der aktuellen Situation arrangieren müsstest?
- Woran würdest du merken, dass die Erziehungsdifferenzen überwunden sind?
- Welchen ersten kleinen Schritt könntest du heute dafür gehen?

Auch hier ist die Herausforderung, im milden Herzen zu bleiben. Das ist nicht leicht, gerade wenn du selbst nicht die Person bist, die profitiert, sondern eher der- oder diejenige, auf dessen oder deren Rücken die Vorteile des:der anderen ausgetragen werden. Wenn du diejenige Person bist, die die zeit- und kraftaufwendigen Gefühlsausbrüche des Kindes, das gerade mitten in der Autonomiephase steckt, begleitest, wirst du tendenziell weniger Kapazitäten haben, dann auch noch milde und verständnisvoll auf deine:n Partner:in zu blicken, der oder die das Kind in solchen Situationen einfach mit Medien oder Süßigkeiten ablenkt.

Schnell kommen dann die Big-Five-Lösungsblockaden ins Spiel, also Selbst- und Fremdvorwürfe, überhöhte Erwartungen, das Ins-innere-Kind-Kippen und die dysfunktionalen Loyalitäten. Gerade weil die Lösungsblockade des Ins-innere-Kind-Kippens Teile von allen Lösungsblockaden in sich vereint, ist sie ein sehr häufig auftretendes Phänomen bei Streitgesprächen im Kontext von Erziehungsdifferenzen. Tatsächlich streiten sich dann nicht mehr zwei Erwachsene miteinander, sondern verdeckt zwei bedürftige Kinder mit ihren Autoritätspersonen. Der oder die Partner:in ist in dem Moment quasi ein:e Stellvertreter:in und gar nicht mehr voll und ganz in der eigenen Rolle. Das macht solche Streitgespräche ungemein kompliziert, weil es plötzlich nicht mehr nur um ein Thema geht, sondern um zahlreiche Subthemen, die teilweise einer völlig anderen Zeit und anderen Umständen entspringen.

Wie kommt es dazu? Gründe können sein, dass eine:r von euch oder auch ihr beide schlicht mit der Situation oder den Vorwürfen überfordert seid. Es fehlt an Ideen und Ansätzen, wie ihr in einem Konflikt sinnvoll miteinander umgehen könnt, möglicherweise, weil ihr es weder vorgelebt bekommen habt noch anderweitig lernen konntet. Auch Gefühle von Scham, Hilflosigkeit und Ohnmacht können die Fronten in Konfliktsituationen verhärten, weil eine Seite fürchtet, die Kontrolle oder das Gesicht zu verlieren. Oder es steckt etwas ganz anderes dahinter, denn es gibt so viele mögliche Gründe für Konflikte, die zwischen Eltern entstehen können.

Wenn wir einmal in diese Falle tappen und nicht mehr konstruktiv diskutieren können, entsteht ein Teufelskreis aus Äußerungen, also Aussagen, und Innerungen, also Interpretationen, sowohl von dir als auch deinem Gegenüber:

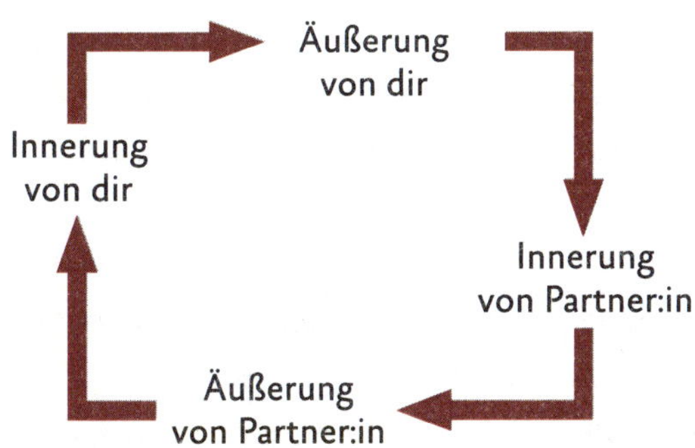

Da ihr innerhalb eures Familiensystems interagiert, kommen noch weitere Äußerungen und Innerungen dazu, nämlich die eures Kindes – unabhängig davon, ob es eure Streitigkeiten direkt miterlebt oder nur die Spannung wahrnimmt:

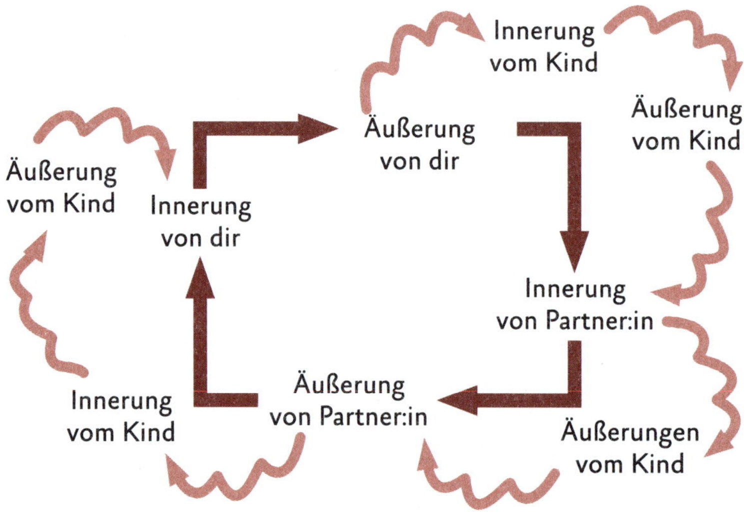

Teufelskreise durchbrechen

Finden wir uns immer und immer wieder in kommunikativen Sackgassen, kann es uns helfen, wenn wir uns in ruhigen Momenten der Verbundenheit darüber austauschen, dass es besagte Prozesse in Konflikten gibt. Allein wenn wir uns diese Tatsache bewusst machen, kann das schon ein erster kleiner Schritt in der Lösungsfindung sein. So schaffen wir uns nämlich eine Art Anker im Außen, auf den wir in Streitsituationen zurückgreifen können. Voraussetzung dafür wird immer sein, dass wenigstens eine Person in eine souveräne Erwachsenenrolle kommt und anfängt, das Gespräch zu lenken, wenn wir uns in einer Sackgasse befinden, und damit den Teufelskreis durchbricht. Das kann so aussehen, dass wir das Gespräch pausieren oder eine:r von uns ein Codewort nennt, um darauf aufmerksam zu machen, dass das Gespräch nicht mehr konstruktiv läuft und beide Seiten sich darauf besinnen sollten, an einem Strang zu ziehen. Dabei wollen Widerstände und Gefühle ausreichend Raum bekommen und validiert werden. Erziehungsdifferenzen zu überbrücken, ist in der Regel ein sehr kleinschrittiger und oftmals langwieriger Prozess. In der Regel gibt es dabei viele Stationen, die im Dreieck aus Kind, Elternteil mit der einen Herangehensweise und Elternteil mit der anderen Herangehensweise nicht ideal verlaufen. In diesem konflikthaften Dreieck droht es immer Verlierer:innen zu geben, sei es das Kind, das nicht vor adultistischem Verhalten geschützt werden kann, sei es der Elternteil, dem es nicht gelingt, einen friedvollen Mittelweg zu finden – oder aber der andere Elternteil, der sich womöglich vor den Kopf gestoßen fühlt, weil sein Verhalten kritisiert oder gar unterbunden wird. Gerade weil diese Situation so ungemein kompliziert ist, dürfen wir jeden Versuch, etwas anders zu machen als bisher, als eine Annäherung und ein Lernfeld ansehen, wie wir unsere verschiedenen Weltbilder, Absichten und Bedürfnisse miteinander vereinbaren können, ohne dass es dabei Verlierer:innen gibt.

Manchmal betreffen die Erziehungsdifferenzen grenzwertiges oder grenzüberschreitendes Verhalten, in denen ein Elternteil Gewalt, sei es körperliche, verbale, emotionale oder wirtschaftliche, anwendet. Der andere Elternteil ist nicht immer in der Lage, das zu unterbinden und sich und/oder die Kinder zu schützen. In solchen Fällen empfehle ich dringend, professionelle Unterstützung, beispielsweise von Beratungsstellen, in Anspruch zu nehmen.

Beratung und Therapie

Berater:innen, Therapeut:innen und andere Begleiter:innen können eine unglaublich wertvolle Ressource im Abenteuer der Elternschaft sein. Noch lange bevor ich meine Ausbildung zur systemischen Familientherapeutin begonnen habe, hatte ich oft den Gedanken, mich bei schwierigen Themen begleiten zu lassen. Letztlich hatte ich aber doch noch sehr lange Scheu davor, vielleicht aufgrund meines Glaubenssatzes, alles allein schaffen zu müssen. Nach und nach tastete ich mich an Unterstützungs- und Begleitangebote heran. Ich begann mit Büchern, machte weiter mit Online-Kursen und wandte mich schließlich der persönlichen Begleitung in Form von Therapie, Beratungen, Supervision und mehr zu. Ich löste darüber nicht nur meinen Glaubenssatz auf, sondern entdeckte auch eine Quelle von Inspiration und Kraft, die mir plötzlich zusätzlich zur Verfügung stand. Für diese Erfahrungen bin ich sehr dankbar.

Gleichzeitig haben sie mir alle eins verdeutlicht: Im Außen nach Antworten auf die eigenen Fragen zu suchen, ist vergeblich. Mit Unterstützung mag es manchmal leichter oder schneller gehen, doch all die Antworten, die ich gesucht habe, habe ich schließlich in mir selbst entdeckt. Genauso erlebe ich es auch in der Arbeit mit meinen Klient:innen: Gemeinsam stoßen wir Themen an. Manchmal eröffne ich neue Blickwinkel oder teile einen Wissensimpuls, so als würde ich eine Landkarte aufzeigen. Doch sowohl das Ziel als auch den Weg dorthin definiert jeder für sich selbst. Genauso ist das Beste für das eine Kind nicht das Beste für das andere Kind. Wir dürfen also aufhören, unsere Kinder mit anderen zu vergleichen, miteinander zu konkurrieren oder einander übertrumpfen zu wollen. Und stattdessen miteinander in Verbindung gehen, voneinander lernen und miteinander wachsen.

Du weckst mich auf, ich öffne die Augen, blinzele und blicke in ein besorgtes Gesicht. »Oh nein! Dein Auge ist ja ganz verklebt!«, sagst du beunruhigt. Ich wundere mich, bin verunsichert, was das bedeutet.

Wir gehen heute nicht in die Krippe, sondern zum Arzt. Der untersucht mich und stellt eine Bindehautentzündung fest. »Damit die anderen Kinder nicht auch krank werden, darfst du für ein paar Tage nicht in die Krippe. Und es gibt Augentropfen.«

Mama? Papa? Was sind überhaupt Augentropfen? Du zeigst mir das Fläschchen und erklärst mir, dass die Tropfen mein Auge wieder gesund machen. Da soll was in mein Auge?! Niemals. Das kann ich mir nicht vorstellen. Das will ich nicht!

Du erklärst es mir noch mal und betonst, wie wichtig es ist. Du malst ein lustiges Bild mit Augentropfen-Rittern, die die Bakterien-Bösewichte in meinem Auge bekämpfen. Immerhin lege ich mich schon mal auf mein Bett, damit du mir – ohne zu tropfen! – zeigen kannst, wie das ablaufen würde.

Aber ich will es nicht, schüttele den Kopf. MaPa steht daneben und wird immer ungeduldiger. »Da gibt es jetzt gar keine Diskussion, die Augentropfen werden genommen und fertig! Stell dich nicht so an, das ist nun wirklich nicht so schlimm!«

Ich drehe mich um und vergrabe mich unter meinem Kissen. Da bemerke ich, dass du den Raum verlässt. Vor der Tür sagst du zu MaPa: »Kann es sein, dass das eine schwierige Situation für dich ist? Ich glaube, dass der sinnvollste Weg jetzt Geduld und Verständnis ist. Wenn du diesen Weg nicht mitgehen kannst oder möchtest, dann mache ich das lieber alleine.« MaPa murmelt noch irgendwas und geht weg. Du kommst wieder zu mir, legst deine Hand auf meinen Rücken und sagst: »Ich muss auf dich aufpassen! Dafür sorgen, dass es dir gut geht! Ich möchte dich nicht zwingen, aber das MUSS jetzt passieren. Willst du einen Mut-Zwerg, während ich tropfe?«

Ich will gar nichts und schon gar keine Augentropfen. Du erklärst es noch mal. Und schließlich kündigst du an: »Ich werde jetzt tropfen. Und dafür muss ich dich kurz festhalten. Ich will dir nicht wehtun! Wir stehen das zusammen durch. Ich beeile mich.« Es passiert so, wie du sagst. Ich protestiere und weine, und es ist unangenehm. Ich merke, dass du stärker bist als ich. Aber sofort, als du fertig bist, sind deine Arme offen, um mich zu trösten und für mich da zu sein.

Ich hatte jetzt fünf Mal eine Bindehautentzündung. Und fünf Mal ist es unangenehm gelaufen. Aber ich weiß jetzt, was auf mich zukommt. Heute habe ich es wieder. Du sprichst lieb und zugewandt zu mir. Du fragst: »Wie willst du es diesmal machen?«

Ich lege mich aufs Bett, nehme meinen Mut-Zwerg in die eine, deine Hand in die andere Hand und halte kurz still. Du tropfst schnell und platzt fast vor Stolz, als es vorbei ist.

Und so habe ich selbst für mich erfahren, dass Augentropfen unvermeidbar, aber mit deiner Unterstützung und Geduld wirklich halb so schlimm sind.

ES IST NIE ZU SPÄT FÜR EINE GLÜCKLICHE KINDHEIT.

Über Innere-Kind-Arbeit

Um nachhaltig friedvolle Wege im Umgang mit unseren Kindern zu entdecken und auch wirklich zu beschreiten, müssen wir unsere inneren Blockaden und Glaubenssätze nach und nach auflösen. Du hast bisher schon einige Ansätze kennengelernt, wie dir das gelingen kann. Zeitgleich gibt es meiner Meinung nach den einen »Brandbeschleuniger«, die eine Methode, die dafür sorgen kann, dass Leichtigkeit deutlich schneller und nachhaltiger in unser Familienleben eintritt: die Arbeit mit dem inneren Kind.

Ich schätze die Innere-Kind-Arbeit unglaublich, weil sie unser adultistisches oder selbstabwertendes Verhalten an der Wurzel packt und auflöst. Als Familienbegleiterin arbeite ich bevorzugt mit dieser Methode. Meine Klient:innen erfreuen sich großer und vor allem nachhaltiger Erfolge. Wenn wir die von unseren Vorgängergenerationen ausgehende Weitergabe von Schmerz und Verhaltensmustern betrachten, so ist das »Nachbeeltern« des inneren Kindes in meinen Augen die Methode der Wahl, wenn es um das Durchbrechen von transgenerationalen Traumata geht.

Nachbeeltern

Nicht nur Glaubenssätze, sondern auch die auslösenden Erlebnisse selbst sind in uns gespeichert. Unsere ganze Identität baut auf dem auf, was wir an Zuwendung oder Abwertung in unserer Kindheit erfahren haben. Existenzielle seelische Bedürfnisse, die nicht erfüllt wurden, verpuffen nicht einfach, sondern sie bleiben als eine Art Seelenhunger in uns bestehen. Das Konzept des Nachbeelterns geht davon aus, dass wir selbst oder ein:e Therapeut:in im Rahmen einer therapeutischen Beziehung diese Bedürfnisse nachträglich erfüllen können.

Ein sanfter Weg: Die Klopftechnik

Eine wundervolle Methode, die ich gerne mit der Inneren-Kind-Arbeit kombiniere, ist die Klopftechnik. Sie kann dabei unterstützen, Gefühle zu validieren und sich selbst zu regulieren. Das Klopfen stammt aus der sogenannten Energetischen Psychologie und bezieht durch das Klopfen mit ein oder zwei Fingern beziehungsweise der flachen Hand bestimmter, aus der Traditionellen Chinesischen Medizin (TCM) bekannter Akupunkturpunkte den Körper in den Prozess der Gefühlswahrnehmung und -steuerung mit ein. In diesem abschließenden Kapitel will ich dir die Klopfmethode, kombiniert mit der Inneren-Kind-Arbeit, näher vorstellen. Mit meinen Anleitungen kannst du sie selbst oder auch mit therapeutischer Unterstützung anwenden. Ich gebe dir auch Beispiele mit, sogenannte Skripte, wie du ganz konkrete belastende Situationen mit dem Klopfen bearbeiten kannst.

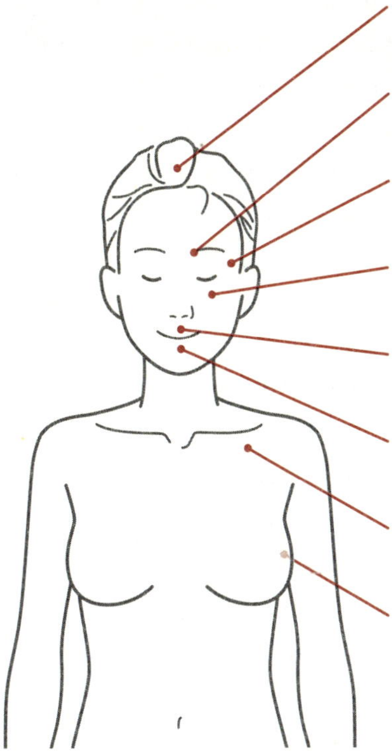
Auf dem Kopf – Gouverneursgefäß (Verlegenheit, Scham)
Innenseite Augenbraue – Blasenmeridian (Trauma, Ungeduld)
Schläfenseite seitlich des Auges – Gallenblasenmeridian (Wut, Zorn)
Unter dem Auge – Magenmeridian (Angst, Ekel)
Unter der Nase – Gouverneursgefäß (Verlegenheit, Scham)
Unter der Lippe – Zentralgefäß (Verlegenheit, Scham)
Unter dem Schlüsselbein – Nierenmeridian (Besorgnis, Angst)
Unter dem Arm – Milz- und Pankreasmeridian (Grübelzwang, Sorgen)

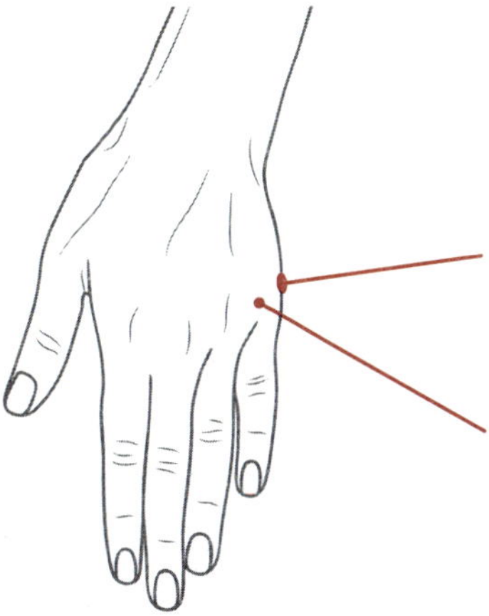
Handkantenpunkt – Dünndarmmeridian (Universalpunkt, Einstimmung, Widerstand)
Rille auf Handoberfläche zwischen kleinem Finger und Ringfinger – Gamut-Punkt

Da Gefühle immer auch körperliche Prozesse sind, wirkt die Methode unterstützend und Halt gebend. Gefestigte Denk- und Verhaltensmuster wie eben auch Glaubenssätze sollen dabei aufgelöst und neu verknüpft werden. Auch wenn die Wirkweise des Klopfens noch nicht abschließend analysiert werden konnte, konnten doch einige erste wissenschaftliche Pilotstudien die positive Auswirkung der Klopftherapie auf das eigene Emotionsmanagement bestätigen. Das Klopfen, wie ich es vorstelle, ist eine Methode der Hilfe zur Selbsthilfe. Es handelt sich hierbei um keine medizinische Heilbehandlung oder Therapie, auch nicht im Sinne des Heilpraktikergesetzes. Es können keine Erfolge garantiert werden, da die Methode ein freier Prozess ist, dessen Erfolg von der Umsetzung des oder der Klopfenden und weiteren, nicht immer beeinflussbaren Faktoren abhängig ist. Es ersetzt keine Behandlung durch eine:n Ärzt:in oder Therapeut:in. Es erfolgt weder eine Diagnose, Behandlung oder Therapie noch ein Heilversprechen. Sofern du dich in ärztlicher und/oder therapeutischer Behandlung befindest, solltest du vorher sicherheitshalber Rücksprache halten, ob du zum gegenwärtigen Zeitpunkt die mit dem Klopfen kombinierte Innere-Kind-Arbeit anwenden kannst.

Da das Klopfen eine sehr sanfte und auflösende Methode ist, die darauf abzielt, Gefühle zu regulieren und das eigene System auszubalancieren, gibt es nur wenige Aspekte zu beachten.

- Einheiten, in denen das innere Kind beklopft wird, können circa dreißig bis sechzig Minuten, mit Begleitung auch länger dauern. In dieser Zeit solltest du völlig ungestört sein, und es sollten keine Kinder um dich herum sein. Während das Klopfen zum alltäglichen Emotionsmanagement durchaus in Anwesenheit von Kindern geschehen darf, könntest du hier derart intensive Emotionen wahrnehmen und durchleben, dass das verstörend auf Außenstehende wirken könnte. Auch wird es dir ungestört leichter fallen, dich zu konzentrieren und deinem Gefühlsausdruck freien Lauf zu lassen.

- Je häufiger du geklopft hast, umso sicherer wirst du dich mit dieser Methode fühlen und umso freier darfst du sie auch für dich nutzen. Ich habe mittlerweile viele kleinere und größere Klopf-Einheiten ganz für mich persönlich entwickelt, indem ich einfach auf mein Körpergefühl und meine Intuition gehört habe und dem gefolgt bin, was mir gerade gutgetan hat.
- Nach dem Klopfen ist wichtig, viel Wasser zu trinken, am besten stilles. Beim Entkoppeln der Reiz-Reaktions-Muster laufen auch im Gehirn und im Körper verschiedene Prozesse ab. Diese energetische Arbeit sollte mit ausreichend Flüssigkeit unbedingt unterstützt werden.
- Idealerweise besteht nach dem Klopfen die Gelegenheit für einen kurzen Powernap. Du kannst aber auch gleich abends klopfen und danach schlafen gehen. Solltest du während des Tages klopfen, ist es ratsam, dass du dich keiner großen Anstrengung mehr aussetzt, sondern den restlichen Tag so ruhig wie möglich verbringst. Im Nachgang kann es durch die Auflösung der Blockaden zu körperlichen Symptomen wie Kopfschmerzen, Erkältungssymptomen oder Müdigkeit kommen. Hier besteht kein Grund zur Beunruhigung, die Symptome klingen in der Regel von allein nach wenigen Tagen ab.

Es gibt verschiedene Klopfmethoden, je nachdem, welches Problem oder Ziel besteht. Ich stelle im Folgenden einen Weg vor, Glaubenssätze aufzulösen. Hierfür wird ein Satz aus zwei Teilen formuliert. Teil eins validiert den bisher bestehenden Glaubenssatz. Es muss keine Sorge bestehen, dass man sich so diesen Satz »einklopft« oder verstärkt. Die Überzeugung ist ohnehin schon da und nur dadurch, dass sie gesehen wird, kann sie sich lösen.

https://weltvonunten.de/klopfmethode-glaubenssaetze/

Formulierungshilfe:

»Auch wenn ich mich nur liebenswert fühle, wenn ich angepasst bin …«
Kurzform: »Ich fühle mich nur liebenswert, wenn ich angepasst bin.«
»Auch wenn ich glaube, ich kann nichts richtig machen …«
Kurzform: »Ich glaube, ich kann nichts richtig machen.«
»Auch wenn ich mich wertlos fühle …«
Kurzform: »Ich fühle mich wertlos.«
»Auch wenn ich die Überzeugung habe, dass ich nur wertvoll bin, wenn ich leiste …«
Kurzform: »Ich bin nur wertvoll, wenn ich leiste.«
»Auch wenn ich Angst habe, Fehler zu machen …«
Kurzform: »Ich habe Angst, Fehler zu machen.«

Durch die Auflösung des alten Glaubenssatzes wird der Raum geöffnet für den zweiten Teil mit dem neuen stärkenden Glaubenssatz.

Formulierungshilfe:

»… liebe und akzeptiere ich mich so, wie ich bin.«
Kurzform: »Ich liebe und akzeptiere mich so, wie ich bin.«
»… achte ich meine Bedürfnisse und stehe für mich ein.«
Kurzform: »Ich achte meine Bedürfnisse und stehe für mich ein.«
»… bin ich bedingungslos wertvoll.«
Kurzform: »Ich bin bedingungslos wertvoll.«
»… erlaube ich mir, Pausen zu machen und meine Grenzen zu achten.«

Kurzform: »Ich erlaube mir, Pausen zu machen und meine Grenzen zu achten.«

»... gehe ich milde mit mir selbst um.«

Kurzform: »Ich gehe milde mit mir selbst um.«

Klopfabfolge

Stresswert auf einer Skala von 0 bis 10 bestimmen: Wie stark glaubst du an deinen alten Glaubenssatz (0=gar nicht, 10=voll und ganz)?

Die Tabelle auf S. 163 ist eine Klopfabfolge.

1. Runde: Handkantenpunkt klopfen, dreimal den ganzen Satz laut aussprechen
2. Runde: Abfolge klopfen, an jedem Punkt den ganzen Satz laut aussprechen
3. Runde: Abfolge klopfen, an jedem Punkt Kurzform des 1. Teils laut aussprechen
4. Runde: Abfolge klopfen, an jedem Punkt Kurzform des 2. Teils laut aussprechen
5. Runde: Abfolge klopfen, an jedem Punkt den ganzen Satz laut aussprechen

Zwischen den Runden und am Ende tief durchatmen.

Abschluss: Gamut-Folge

Gamut-Punkt durchgängig klopfen. Augen schließen, Augen öffnen, nach rechts unten sehen, nach links unten sehen, Augen im Kreis nach rechts drehen, Augen im Kreis nach links drehen, kurze Melodie summen, bis fünf zählen, noch einmal kurze Melodie summen.

Stresswert prüfen, ggf. mehrmals wiederholen, bis Stresswert bestenfalls bei 0, mindestens unter 2 angekommen ist.

Bevor die Methode der mit dem Klopfen kombinierten Inneren-Kind-Arbeit angewendet wird, ist es hilfreich, wenn wir uns zunächst bewusst auf den Weg zur Begegnung mit dem inneren Kind machen. Wenn du dich sicher damit fühlst, kannst du deinem inneren Kind allein begegnen, wenn nicht, empfiehlt sich eine therapeutische Begleitung. Manche Menschen schließen die Augen und sehen sofort vor ihrem inneren Auge das kleine Ich, andere finden schwerer Zugang. Die Gründe dafür können vielseitig sein. Ein denkbarer Grund ist schlichtweg der Verlust der Erinnerung aus frühen Zeiten. Gerade an die ersten Lebensjahre können wir uns eigentlich nicht erinnern, außer uns wurden über die Jahre Erinnerungen erzählt, und wir haben diese wie eigene Erinnerungen abgespeichert. Ein anderer häufiger Grund ist der Schutzmechanismus der Verdrängung. Zum Glück gibt es diesen Mechanismus! Andernfalls wären wir schmerzhaften Erlebnissen wehrlos ausgeliefert und könnten unseren Alltag schnell nicht mehr bewältigen, weil wir durch unsere ständigen Traumareaktionen massiv eingeschränkt wären.

Eine große Hilfe auf dem Weg zur Begegnung mit dem inneren Kind kann für uns sein, Kinderfotos von uns zu betrachten. Manchmal kommen so doch verschüttet geglaubte Erinnerungen hoch, sei es in Form von Erlebnissen, Bildern oder auch mehr oder weniger greifbaren Gefühlen. Wenn Erinnerungslücken oder -blockaden bestehen, brauchen wir Geduld, bei starken Blockaden möglicherweise die Begleitung durch eine:n ausgebildete:n (Klopf-)Therapeut:in. In einem begleiteten Setting kann es sich für uns sicherer anfühlen, den Schutzmechanismus der Verdrängung nach und nach loszulassen, um die Kontaktaufnahme mit dem inneren Kind zu ermöglichen.

Die Visualisierung des inneren Kindes selbst ist ganz individuell. Manche können klar und deutlich ihr jüngeres Ich vor sich sehen, andere sehen eher nur ein Licht- und Schattenspiel. Wieder andere sehen das Bild zwar vor sich, verlieren es aber immer mal wieder. All das ist völlig okay und kein Grund zur Sorge. Gerade wenn wir zuvor noch nicht mit dem inneren Kind gearbeitet haben, braucht es ein wenig Übung und Routine, um sich der Methode anzunähern. Wenden wir uns nun dem genauen Ablauf der kombinierten Inneren-Kind-Arbeit zu.

Die sieben Schritte der kombinierten Inneren-Kind-Arbeit

Schritt 1:
Trigger-Situation mit dazugehörigem Gefühl

Wir klopfen hier nicht in der akuten Situation, sondern nachbereitend zu einem späteren Zeitpunkt an einem ungestörten Ort.

Ich beginne diese Klopf-Einheiten immer mit einer Situation aus dem Alltag, die mich gerade stark aktiviert und aus dem Gleichgewicht bringt. Das können klassische Trigger-Situationen rund um den Umgang mit Kindern sein, aber auch jeder andere Bereich kann eine alte bestehende Not offenbaren. Im Folgenden werden häufige exemplarische Situationen anhand von Skripten beschrieben, die als Anleitung und Inspiration dienen können.

Je größer der Leidensdruck in einer Situation, desto besser ist sie für diese Methode geeignet. Wir starten mit einem Stresswert von 8 oder höher auf einer Skala von 0 bis 10 oder höher. Sollten wir noch nicht bei dieser hohen Zahl sein, versetzen wir uns noch bewusster in die Situation oder wählen eine andere. Dafür können wir einen Trick anwenden, der eigentlich Traumareaktionen abmildern soll, hier aber andersherum genutzt ebenso hilfreich ist, um in das Gefühl eintauchen zu können: Fokussiere dich darauf, was du in dieser Situation …

- … gesehen
- … gehört
- … gerochen
- … geschmeckt
- … für eine Temperatur wahrgenommen hast.

Bestimme dann das vorherrschende Gefühl und dessen Stresswert auf einer Skala von 0–10.

Beginne dann mit dem Klopfen.

Schritt 2:
Einstimmungssatz

Dreimal sprechen, dabei durchgehend am Handkantenpunkt klopfen:

»Auch wenn ich *Gefühlszustand* bin, liebe und akzeptiere ich mich, so wie ich bin.«

Mögliche Gefühlszustände sind: wütend, traurig, verzweifelt, hilflos, einsam, überfordert, resigniert und so weiter.

Schritt 3:
Überleitungs-Klopfen

Anders als beim klassischen Klopfen steigen wir hier nur kurz in das Gefühl ein und bereiten dann, während wir weiterklopfen, den Übergang zur Inneren-Kind-Arbeit vor, indem wir das Klopfen am Handkantenpunkt beenden und mit der Klopfabfolge beginnen. Wichtig ist, dass wir zu diesem Zeitpunkt den weiteren Ablauf gut verinnerlicht haben und dazu keine Unsicherheit besteht. Wir können entweder ein bis zwei Runden das Beklopfen des Gefühls aus dem Einstimmungssatz fortführen oder erst einmal nur schweigend klopfen. Zur Orientierung: Die unten aufgeführten Punkte werden nacheinander immer jeweils für etwa ein bis zwei Sätze oder circa zehn Sekunden mit einem oder zwei Fingern oder der Handfläche (unter dem Arm und auf dem Kopf) beklopft. Es kann entweder mit einer Hand auf nur einer Seite oder mit beiden Händen auf beiden Seiten des Körpers geklopft werden. Die Intensität des Klopfens darf frei gewählt und variiert werden, sodass es sich angenehm anfühlt. Wenn das Klopfen zu intensiv ist, können die Punkte alternativ auch nur berührt oder gerieben werden Das ist das Besondere an dieser

Methode: Wir beruhigen und regulieren uns nicht nur im Hier und Jetzt, sondern packen das Symptom an der Wurzel und lösen es an seinem Ursprung auf.

Klopfpunkt	Klopfaufgabe	Beispielhafter Klopf-Satz
An der Augenbraue	Benennen des Gefühls	»Ich bin so verzweifelt.«
Neben dem Auge	Wahrnehmen des Gefühls	»Ich spüre diese Verzweiflung.«
Unter dem Auge	Visualisierung des Gefühls	»Ich spüre die Verzweiflung als brennenden Feuerball in meiner Brust.«
Unter der Nase	Benennen des Gefühls	»Ich bin so verzweifelt.«
Unter dem Mund	Wahrnehmen des Gefühls	»So eine große Verzweiflung ist da in mir.«
Am Schlüsselbein	Visualisierung des Gefühls	»Sie ist wie ein Drahtseil, das meinen Hals zuschnürt.«
Unter dem Arm	Erinnerung an den Ursprung des Gefühls	»Ich kenne dieses Gefühl schon.«
Auf dem Kopf	Erinnerung an den Ursprung des Gefühls	»Ich habe mich schon einmal so gefühlt.«
Am Brustbein	Erinnerung an den Ursprung des Gefühls	»Ich erinnere mich daran.«

Schritt 4:
Visualisierung des inneren Kindes

Nach dem Überleitungs-Klopfen beklopfen wir für die gesamte weitere Einheit durchgehend alle Punkte nacheinander weiter. Die Tabelle stellt eine Klopfrunde dar. In der zweiten Runde darf die Erinnerung sich zeigen, die gelöst werden soll. Hierfür klopfen wir für einige Augenblicke schweigend und öffnen uns für das innere Kind. Nutze hier das erste Bild von dir als kleinem Ich, das dir in den Sinn kommt. Wenn es dir schwerfällt, dich zu erinnern, kannst du eine weitere Runde den Satz »Ich erlaube mir, mich zu erinnern« klopfen. Sobald sich eine Erinnerung zeigt, folgt der nächste Schritt.

Während du kontinuierlich weiterklopfst, betrachte dein inneres Kind als Große:r von außen so genau, wie es dir möglich ist.

Unterstützen können dich dabei diese Fragen:

- Wo ist dein inneres Kind gerade, an welchem Ort?
- Welche Jahreszeit oder welches Wetter ist dort gerade?
- Was trägt es gerade für Kleidung?
- Was macht es gerade?
- In welcher Stimmung scheint es zu sein?
- Was ist kurz vorher hier passiert?
- Was denkt und fühlt es gerade?

Wenn es dir hilft, kannst du die Antworten laut aussprechen, während du weiter klopfst.

Du beendest diesen Teil mit den Worten:

»Ich sehe dich jetzt. Ich bin jetzt für dich da.«

Wiederhole diese Worte so oft, wie es sich für dich stimmig anfühlt.

Schritt 5:
Rollentausch und Herausarbeiten des unerfüllten Bedürfnisses

Hast du das Bild deines kleinen Ichs erarbeitet, wird es Zeit für einen Rollentausch. Du klopfst immer noch die ganze Zeit weiter und versetzt dich nun in die Lage des oder der Kleinen. Das große Ich bleibt dabei die ganze Zeit an deiner Seite.

Es kann dir helfen, dir vorzustellen, dass du dich vor kleines Ich stellst und dann nach hinten hineinfallen lässt – oder du nutzt ein anderes dir dienliches Bild.

Der Rollentausch kann sehr emotional werden, da du nun die Gefühle des kleinen Ichs wahrnimmst – mit all ihrer Intensität und möglichen Überforderung, die sie schon beim ersten Erleben in dir ausgelöst haben. Als Kind hast du nur eingeschränkte Möglichkeiten und deswegen eine ausweglose Situation erlebt. Nun bist du mit der ganzen Wirkmacht deines großen Ichs zurückgekehrt und wirst gleich die Möglichkeit haben, dich selbst in eine andere Lage zu bringen.

Die Basis dafür bildet die Validierung der Gefühle des inneren Kindes. Diese holst du nach, indem du so lange den Dreierschritt Benennen – Wahrnehmen – Visualisieren beklopfst, bis das Gefühl an Intensität verloren hat und du bei einem Stresswert von 0 bis 3 endest. Wenn du das Bedürfnis hast, noch andere Dinge auszusprechen, tu das! Ideen findest du in den Klopf-Skripten weiter unten. Danach wechselst du wieder in die Rolle des Erwachsenen und erarbeitest mithilfe der Gedanken und Gefühle des kleinen Ichs, welches Bedürfnis in dieser Situation nicht erfüllt wurde und was du gebraucht hättest.

Schritt 6:
Nachbeelternde Interaktion mit dem inneren Kind

Genau das, was du damals gebraucht hättest, gibst du dir jetzt als Große:r selbst. Deiner Fantasie sind dabei keine Grenzen gesetzt, beim Klopfen ist alles möglich. Du kannst mit deinem inneren Kind sprechen, es halten, an andere Orte bringen, beschützen oder verteidigen. Auch Interaktionen mit Autoritätspersonen sind denkbar. Du wirst dank der Skripte unten eine gute Vorstellung davon bekommen, wie das aussehen kann. Die Interaktion endet, sobald die Situation für dein inneres Kind aufgelöst und in Balance gebracht ist. Hierfür überprüfst du erneut den Stresswert des inneren Kindes, gegebenenfalls mit einem weiteren kurzen Rollentausch.

Schritt 7: Integration

Die Einheit endet mit einem Bild der Integration. Dadurch wird die neue neuronale Verknüpfung in dir verankert. Nimm hierfür die angenehmen und wohligen Gefühle des inneren Kindes noch mal ganz bewusst wahr. Zwei Bilder haben sich hierfür bewährt:

Schrumpfen und Wachsen: Stell dir vor, dass das Kleine voll mit all den positiven Gefühlen schrumpft, bis es in deine Hand passt. Dann lässt du dieses kleine Wesen aus Licht und Liebe in dein Herz hinein und es von dort aus wieder wachsen, bis es deinen ganzen Körper erfüllt. Spüre nach, welche Gefühle es für dich mitbringt.

Umarmung: Alternativ kannst du dir vorstellen, dein inneres Kind mit all den neuen, positiven Gefühlen zu umarmen. In dieser Verbindung zwischen euch entsteht strahlendes Licht, in dem ihr miteinander verschmelzt. Genieße diesen Moment und spüre auch hier nach, welche Gefühle dein inneres Kind mit sich bringt, die sich dann in dir ausbreiten.

Wenn die angenehmen Gefühle des inneren Kindes verinnerlicht wurden, bietet es sich oft an, abschließend neue stärkende Sätze zu klopfen, um diese zu festigen.

Nach dem Klopfen braucht es meist keine große Interaktion mehr, sondern einfach einen Moment der Ruhe und Regeneration.

Ich durfte schon unzählige Begegnungen mit inneren Kindern erleben und begleiten. Nachfolgend stelle ich nun einige Skripte vor, die sich an den gerade beschriebenen sieben Schritten der kombinierten Inneren-Kind-Arbeit orientieren und zur Veranschaulichung und Inspiration dienen. Ich werde dabei die Kürzel G für die große erwachsene Rolle, also den oder die Klient:in, IK für die Rolle des inneren Kindes und T für Therapeut:in, in dem Fall also mich, nutzen. Die Einheiten lassen sich im Rahmen der Hilfe zur Selbsthilfe auch ohne Therapeut:in durchführen, es sei denn, eine Begleitung ist erwünscht.

Die fünf Situationen, die ich ausgewählt habe, entsprechen fünf der sieben Grundbedürfnisse, die ich eingangs erläutert habe und die in der Kindheit der jeweiligen Klient:innen missachtet und übergangen wurden. Auf diese Weise möchte ich aufzeigen, wie auf der einen Seite das Nachbeeltern gelingen kann und wie wir auf der anderen Seite auch mit unseren echten Kindern umgehen können. Für den genauen Ablauf des Klopfens kannst du immer wieder die Beschreibung der sieben Schritte oben zurate ziehen.

Anwendungsbeispiele für das Klopfen

Klopf-Skript 1: Missachtetes Bedürfnis: Beständige und liebevolle Beziehungen

1. Trigger-Situation mit dazugehörigem Gefühl

Die Klientin kam kurz nach Beginn der Eingewöhnung ihres Kindes in die Krippe zu mir. Sie schaffte es kaum, sich von ihrem Kind zu verabschieden, und hatte überwältigende Verlustängste. Sie konnte kein Vertrauen zu den pädagogischen Fachkräften gewinnen und war für die Dauer der Trennung von ihrem Kind in einem alarmierten Ausnahmezustand. Wir starteten mit einem Stresswert von 10.

2. Einstimmungssatz

»Auch wenn ich große Verlustängste habe, liebe und akzeptiere ich mich, so wie ich bin.«

3. Überleitungsklopfen

Die Verlustangst zeigte sich als eine Art eiskalter Mantel, der um die Schultern der Klientin lag. Sie beschrieb ihn als blau, steif, sehr unangenehm und beklemmend.

4. Visualisierung des inneren Kindes

Das Bild zeigte sich sehr schnell, und meine Klientin sah sich als Kleinkind allein im Kinderzimmer sitzen. Sie fing an, die Situation zu beschreiben:

G: Ich sehe die Kleine auf dem Bett sitzen. Sie hat schon ihren Schlafanzug an, es ist abends. Sie weint und hat eine ganz verrotzte Nase. Sie ist allein, und meine Eltern sind im Wohnzimmer, auf der anderen Seite des Hauses. Sie hat Angst, aber sie traut sich nicht, nach ihnen zu rufen.

T: Warum sitzt die Kleine allein in ihrem Zimmer?

G: Sie hat irgendeinen Quatsch gemacht und wurde dafür auf ihr Zimmer geschickt, als Strafe. Das versteht sie aber, glaube ich, gar nicht. Sie denkt jetzt, dass meine Eltern sie gar nicht lieb haben und sie deswegen nicht ins Bett bringen wollen.

T: Sag ihr mal: Ich sehe dich jetzt. Ich bin jetzt für dich da.

G: Ich sehe dich jetzt. Ich bin jetzt für dich da.

5. Rollentausch und Herausarbeiten des unerfüllten Bedürfnisses

Im Moment des Rollentauschs weinte meine Klientin erst einmal eine ganze Weile und klopfte abwechselnd die Sätze »Ich bin so traurig« und »Ich habe so große Angst«. Erst nach mehreren Klopfrunden war ihre Erregung so weit abgeklungen, dass sie weiterreden konnte, nun als Kleine.

IK: Ich habe so große Angst. Ich wünsche mir einfach, dass Mama und Papa zu mir kommen und bei mir sind.

T: Das verstehe ich gut, dass du allein Angst hast. Da sind Schatten an den Wänden und manchmal komische Geräusche, oder?

IK: Ja, und wenn keiner bei mir ist, tut mein Herz richtig weh.

T: Du kannst das ein paar Mal klopfen: »Ich bin so traurig, dass mein Herz richtig wehtut.«

IK: Ich bin so traurig, dass mein Herz richtig wehtut.

Nach zwei Klopfrunden:

IK: Jetzt tut es schon nicht mehr so weh.

T: Was würdest du dir denn gerade wünschen, was würde dir gut tun?

IK: Mama und Papa sollen zu mir kommen, aber ohne mich zu schimpfen. Und sie sollen bei mir bleiben, bis ich eingeschlafen bin.

6. Nachbeelternde Interaktion

Ich lud meine Klientin ein, wieder in die Rolle der Großen zu schlüpfen.

T: Könntest du dir denn vorstellen, diese Situation mit deinen Eltern zu verändern? Also, dass wir sie jetzt dazuholen, du ihnen sagst, wie traurig und ängstlich dich das gemacht hat, und du dann die Situation gemeinsam mit deinen Eltern auflöst? Oder möchtest du sie lieber außen vor lassen und das ohne sie machen? Beides ist denkbar, du entscheidest, womit du dich wohler fühlst.

G: Ich kann mir schon vorstellen, das mit meinen Eltern zusammen zu machen, aber eben nur, wenn sie nicht schimpfen und alles noch schlimmer machen.

T: Okay, dann steuern wir das so, dass sie jetzt mit mildem Herzen in dein Kinderzimmer kommen und ihr gemeinsam diese Situation verändert. Du darfst jetzt auch ganz intuitiv die Rolle wechseln, wenn du den Eindruck hast, das passt gerade.

G: Okay.

T: Gut, dann stell dir jetzt noch einmal die Kleine vor, die allein und immer noch ein wenig traurig und ängstlich in ihrem Zimmer sitzt und sich wünscht, dass sie jemand in den Schlaf begleitet. Dann komm mal als Große dazu. Sag ihr auch jetzt: Ich sehe dich jetzt. Ich bin für dich da.

G: Ich sehe dich jetzt. Ich bin für dich da.

T: Jetzt stelle dir vor, dass deine Eltern auch dazukommen. Noch können sie nichts sagen und tun, du schaust sie nur an, als Kleine, aber mit der Unterstützung der Großen. Was möchtest du ihnen gern sagen?

IK: Ich habe so große Angst, wenn ihr mich allein lasst! Ich weiß gar nicht, was ich eigentlich falsch gemacht habe, dass ihr mich einfach wegschickt von euch. Ich denke dann, ihr habt mich gar nicht mehr lieb und bin unendlich traurig.

T: Das findest du nicht okay, dass deine Eltern dich so bestrafen, oder?

IK: Ganz und gar nicht! Ihr sollt mich nicht so bestrafen! Wenn ich etwas falsch mache, dann erklärt es mir ruhig, aber so tut ihr mir nur weh!

Ich stellte fest, dass sich die Traurigkeit und Angst in Wut verwandelt hatten, also griff ich das auf:

T: Das macht dich auch richtig wütend, kann das sein?

IK: Ja! Ich bin so wütend auf euch! Was denkt ihr euch eigentlich dabei?

T: Klopf die Wut mal ein paar Runden: »Ich bin so wütend!«

IK: Ich bin so wütend!

T: Lass auch gern die Wut raus, hau mal auf ein Kissen oder schrei, wenn dir danach ist.

IK klopft eine Runde die Wut, haut auf das Kissen und schreit ins Kissen, klopft danach noch eine Runde und wird ruhiger.

IK: Jetzt ist die Wut schon viel weniger.

T: Was würdest du deinen Eltern jetzt gern sagen?

IK: Bitte bleibt bei mir, haltet mich fest und lasst mich nicht allein!

T: Und kannst du dir vorstellen, dass sie das jetzt machen?

IK nickt weinend.

T: Dann stell dir das vor: Deine Eltern werden ganz milde im Herzen, sie bedauern auch, wie es gelaufen ist. Es war nicht okay, dich wegzuschicken und allein zu lassen, gleichzeitig konnten sie einfach nicht anders. Jetzt machen sie es wieder gut. Sie nehmen dich in den Arm und halten dich.

IK: Das kann ich sehen. Und auch ihren eigenen Schmerz, warum sie nicht immer liebevoller sein können.

T: Das liegt aber nicht in deiner Verantwortung, das ist deren Päckchen. Genieße jetzt noch einen Augenblick den Moment und wechsle dann, wenn du so weit bist, wieder in die Große.

G: Okay, jetzt sehe ich die Kleine, wie sie erleichtert und ruhig ist.

T: Sehr gut, dann zeig dich ihr noch mal ganz bewusst und sage ihr, dass du für sie da bist und sie immer unterstützen wirst, wenn sie deine Hilfe braucht.

G: Ich bin immer für dich da. Ich liebe dich. Du bist so wundervoll und hast nur das Beste verdient. Deswegen werde ich dir immer helfen, wenn du nicht weiterkommst.

T: Du kannst ihr noch sagen, dass du auch manchmal Fehler machst, etwas nicht gleich verstehst oder nicht immer sofort da bist. Aber dass du ihr versprichst, immer wieder zu kommen und sie immer besser lesen zu lernen.

G: Manchmal klappt auch von mir etwas nicht, oder ich kann mich nicht sofort um dich kümmern. Aber ich verspreche dir, ich werde es immer besser lernen.

7. Integration

T: Stell dir nun vor, dass die Kleine, die da jetzt sicher und geborgen liegt, auf die gut aufgepasst wird und die sich gehört und verstanden fühlt, immer weiter schrumpft und ganz klein wird, bis sie schließlich in deine Hand passt. Und dann lade sie zu dir ein, lass sie in dein Herz hinein. Kannst du das sehen?

G: Ja!

T: Sehr gut, dann stell dir nun vor, dass sie von deinem Herzen aus nun wieder immer größer wird und so lange wächst, bis sie dich ganz erfüllt. Was kannst du wahrnehmen, was bringt sie mit?

G: Ich spüre die Erleichterung, dass ich nicht allein bin. Ich spüre Geborgenheit und Sicherheit. Das fühlt sich richtig wohlig-warm an.

T: Nimm diese Gefühle ganz bewusst in dir auf und speichere sie ab. Festige sie noch für eine Runde mit diesen Sätzen: Ich fühle mich erleichtert und geborgen. Ich bin in Sicherheit.

G: Ich fühle mich erleichtert und geborgen. Ich bin in Sicherheit.

Danach stoppten wir das Klopfen, meine Klientin atmete nach dieser intensiven Einheit kurz durch und trank ein Glas Wasser. Ich bat sie nun, sich die Trigger-Situation vom Anfang noch einmal vorzustellen, also den Moment, wenn sie ihr Kind in die Krippe verabschieden sollte, und fragte sie, was die Situation nun in ihr auslöste.

G: Ich fühle mich viel ruhiger. Ich stelle gerade fest, dass ich mein Kind nicht gehen lassen konnte, weil ich dieses Gefühl, allein gelassen zu werden, unerträglich fand. Das ist jetzt völlig verschwunden. Ich habe noch einen kleinen Rest Bedenken, weil ich die Betreuer:innen noch nicht so gut kenne.

T: Was könnte dir da noch eine Stütze sein?

G: Ich glaube, es wird einfach ein wenig mehr Zeit brauchen, das Vertrauen aufzubauen. Ich konnte in den ersten Tagen ja beobachten, dass sie sich wirklich liebevoll um die Kinder kümmern. Es gibt also eigentlich keinen Grund, übermäßig misstrauisch zu sein. Vielleicht könnte es helfen, einfach mal offen anzusprechen, dass es mir schwerfällt, Vertrauen zu fassen.

T: Ist das eine denkbare Option für dich?

G: Absolut. Und mit Sicherheit werden sie auch lieb reagieren, so wie ich sie einschätze.

Tatsächlich wagte meine Klientin in den folgenden Tagen den Schritt, in der Krippe anzusprechen, dass sie noch Schwierigkeiten hatte, Vertrauen zu fassen. Die Fachkräfte reagierten tatsächlich sehr einfühlsam und beschrieben nach den Trennungen, womit sich das Kind beschäftigt hatte. Dadurch, dass die Klientin bei den Trennungen viel souveräner war, erlebte sie die restliche Eingewöhnungszeit mit viel mehr Leichtigkeit und war offen für die Erfahrung, neues Vertrauen zu fassen.

Klopf-Skript 2: Missachtetes Bedürfnis: Körperliche Unversehrtheit und Sicherheit

1. Trigger-Situation mit dazugehörigem Gefühl

Den Klienten mit diesem missachteten Bedürfnis begleitete ich im Rahmen einer Paarberatung, aus der sich der Bedarf für eine Einzelsitzung ergab. Das Paar beschrieb das Problem, dass in Konflikten der Mann eine ausweichende und ablenkende Gesprächshaltung einnahm. In Streitsituationen selbst gab er immer nach und lenkte ein, um schnell wieder eine harmonische Atmosphäre herzustellen. Im Nachgang stellte sich das häufig als schwierig heraus, weil er mit den so geschaffenen »Lösungen«, die eigentlich keine waren, gar nicht wirklich einverstanden war. Das Paar war bereits in einem Teufelskreis aus Konflikten und dem Vermeidungsverhalten des Partners gelandet. Mein Klient konnte in der Trigger-Situation des Ehestreits selbst gar kein Gefühl beschreiben, sondern lediglich einen Fluchtimpuls wahrnehmen. Also fingen wir an, mit dem Fluchtimpuls und dem Stresswert 9 zu arbeiten.

2. Einstimmungssatz

»Auch wenn ich in Konflikten den Impuls habe zu flüchten, liebe und akzeptiere ich mich, so wie ich bin.«

3. Überleitungsklopfen

Der Klient beschrieb den Fluchtimpuls als Kribbeln in den Beinen. Seine Schultern fühlten sich angespannt an, und er entdeckte nun auch, dass er sich bedroht fühlte.

4. Visualisierung des inneren Kindes

Es dauerte ein paar Klopfrunden, bis die Bedrohung an Intensität abnahm und eine Visualisierung aufkommen konnte. Diese zeigte sich schlagartig und verstärkte den Stresswert auf 10. Mein Klient beschrieb die Situation wie folgt:

G: Ich bin gerade so in der dritten Klasse. Nach der Schule komme ich allein nach Hause und sperre die Tür auf. Komischerweise sind meine beiden Eltern da. Das ist sehr unüblich, denn sonst arbeitet mein Vater lange und meine Mutter ist allein mit mir. Sie streiten sich laut, und als ich hereinkomme, bemerken sie mich erst gar nicht. Ich verstehe nicht, worum es geht, aber ich fühle mich sofort unwohl. Ich betrete den Raum und weiß nicht so recht, wie ich mich verhalten soll. Meine Mutter sagt noch irgendetwas zu meinem Vater, der ärgert sich und dreht sich in seiner Wut ruckartig um. Dabei stößt er eine Vase von einem Regal, die herunterfällt und auf meine Schulter prallt. Der Schreck ist deutlich größer als der körperliche Schmerz, doch auch mein Vater scheint sich sehr erschreckt zu haben, und so schimpft er mich, was ich mich denn so von hinten anschleiche.

T: War das ein einmaliger Streit von deinen Eltern, oder hast du so etwas öfter erlebt?

G: Nein, so haben sie eigentlich nur das eine Mal gestritten, aber ich glaube, das war damals der Anfang vom Ende. Wenige Monate später haben sie sich getrennt. Bei diesem Streit habe ich zum ersten Mal realisiert, dass zwischen den beiden etwas nicht stimmen könnte.

T: Okay, sag dem Kleinen mal: Ich sehe dich jetzt. Ich bin jetzt für dich da.

G fallen die Worte sehr schwer zu sagen, es gelingt nur: Ich bin jetzt hier.

5. Rollentausch und Herausarbeiten des unerfüllten Bedürfnisses

Auch der Rollentausch fiel dem Klienten nicht leicht. Er brauchte die Rückversicherung, dass wir jederzeit Pausen machen können und er als Großer sowie ich als Unterstützung dabei sind.

T: Was erlebst du jetzt gerade?

G: Ich bin so erschrocken. Ich fühle nur diesen Schreck.

T: Worüber bist du erschrocken?

G: Dass meine Eltern sich so streiten, als würden sie sich gar nicht lieben. Ich hatte das gar nicht so auf dem Schirm. Bisher war doch immer alles gut!

Wir beklopften für vier Runden den Schreck, bis der Stresswert deutlich gesunken ist und mein Klient erkennt:

G: Ich würde mir einfach wünschen, dass jemand mich jetzt auffängt. Ich weiß ja, dass mein Vater mir nicht wehtun wollte, aber ich bin gerade total verloren und verstehe nicht, was hier los ist. Aber ich werde auch noch geschimpft, so, als wäre ich an der Situation schuld.

T: Also war dein unerfülltes Bedürfnis Sicherheit, die deine Eltern dir hätten geben sollen?

G: Ja, genau!

6. Nachbeelternde Interaktion

T: Okay, dann atme einmal tief durch und gehe jetzt wieder in die Rolle des Großen. Welche Idee hast du, wer oder was dir in der Situation mehr Sicherheit geben könnte?

G: Mir würde helfen, wenn jemand mich in dem Moment beschützt hätte und mir schonender beigebracht hätte, dass die Ehe meiner Eltern im Argen ist.

T: Wer könnte das tun? Deine Eltern? Du selbst als Großer? Jemand ganz anderes?

G: Am ehesten kann ich mir da mich selbst als Großen vorstellen. Vielleicht könnte ich den Kleinen vor der Tür abfangen und vorher mit ihm sprechen, damit er nicht so unvorbereitet ist.

T: Das klingt nach einem guten Plan! Dann stell dir das einmal vor, dass du dem Kleinen vor der Haustür begegnest. Wie reagiert er auf dich? Was möchtest du sagen oder tun?

G: Er ist ein bisschen irritiert, aber auch neugierig. Ich möchte ihm erst einmal sagen, dass ich für ihn hierhergekommen bin und ihm durch eine schwere Zeit helfen möchte.

T: Dann mach das!

G: Ich möchte ein wenig mit dir sprechen, denn ich möchte gerne für dich da sein.

T: Kann er das annehmen?

G: Ja.

T: Sehr gut, dann sprich so weiter, wie es dir dein Herz diktiert.

G: Hör mal. Du hast das noch gar nicht so richtig mitbekommen. Aber Mama und Papa haben zurzeit immer öfter Streit. Ich habe auch nicht so richtig verstanden, worum es eigentlich geht. Aber die beiden machen einander ganz oft wütend und verstehen sich nicht mehr so gut wie früher. Sie wollen trotzdem beide unbedingt, dass es dir gut geht, deswegen geben sie sich Mühe, dass du davon möglichst nichts mitbekommst. Ich weiß, dass das deswegen überraschend für dich kommt und du bestimmt viele Fragen und Unsicherheiten hast.

T: Wie reagiert der Kleine?

G: Er hat viele Fragen, ob sie sich trennen, ob wir umziehen, ob er schuld daran ist.

T: Dann versuche weiter, ihn liebevoll und stärkend aufzufangen. Beantworte seine Fragen möglichst kindgerecht und entlastend.

G: Es kann sein, dass sie sich trennen und auch, dass ihr umzieht. Auf keinen Fall bist du schuld an irgendetwas, denn die Eltern sind die Erwachsenen und tragen die Verantwortung, nicht du. Du hast alles richtig gemacht und bist einfach perfekt, so wie du bist.

T: Sehr gut. Kannst du dir nun vorstellen, dass ihr gemeinsam ins Haus geht?

G: Ja, ich glaube, jetzt ist der Kleine besser darauf vorbereitet.

T: Dann stelle dir jetzt vor, dass ihr gemeinsam hineingeht und sich die Szene noch einmal abspielt. Wechsle dafür wieder in die Rolle des inneren Kindes.

IK: Mit dem Großen an meiner Seite fühle ich mich wohler. Ich finde es trotzdem erschreckend, wie die beiden streiten.

T: Klopf noch einmal diesen Schreck.

IK: Ich bin so erschrocken. Ich kann gar nicht glauben, was ich hier sehe. So ein großer Schreck. Und ich bin auch traurig darüber, wie Mama und Papa miteinander sind. So traurig.

T: Dann klopfe weiter diese Traurigkeit.

Der Klient klopfte für mehrere Runden die Traurigkeit und erwähnte auch zwei andere Situationen rund um die Trennung, die ihm einfielen und diese Traurigkeit genährt haben. Die Traurigkeit löst sich nach und nach. Wir fuhren fort.

T: Stell dir jetzt vor, dass du diese erschreckenden und traurigen Situationen erlebst. Es ist auch bedauerlich, dass die Eltern sich trennen und sich so vieles in deinem Leben verändern wird. Aber an deiner Seite ist dein großes Ich und stärkt dich. Er beantwortet dir jede Frage. Er muntert dich auf, wenn du weinst, und steht dir bei, wenn du erschrickst. Du bist nicht allein. Kannst du das spüren?

IK: Ja. Das fühlt sich gut an.

T: Bestärke dieses Gefühl noch weiter, tauche richtig darin ein. Leider können wir die Trennung deiner Eltern nicht rückgängig machen oder verhindern. Aber wir können dir dabei helfen, sie besser zu bewältigen und dich nicht so ausgeliefert zu fühlen.

IK: Vor allem hilft mir, wenn der Große mir immer wieder sagt, dass ich nicht schuld bin und dass ich nichts falsch gemacht habe.

T: Klopfe das noch weiter: Ich bin nicht schuld an der Trennung meiner Eltern. Ich habe nichts falsch gemacht. Ich bin in Sicherheit.

Der Kleine klopfte diese Sätze für drei Runden immer abwechselnd und wird erkennbar immer ruhiger.

T: Brauchst du in dieser Situation noch irgendwas?

IK: Papa soll sich entschuldigen, dass er mich geschimpft hat, als die Vase auf mich gefallen ist. Aber das wird er nicht machen.

T: Dann wechsle noch einmal in die Rolle des Großen und gib du dem Kleinen da Sicherheit.

G: Dem Papa tut es total leid, aber er kann da einfach nicht aus seiner Haut. Wenn du aber genau hinschaust, wirst du es an seinem Blick erkennen. Trotzdem ist nicht okay, dass er das so gemacht hat. Er hätte seinen Ärger da nicht an dir rauslassen dürfen.

T: Fühlt es sich jetzt rund an?

G: Ja, jetzt ist es stimmig.

7. Integration

T: Stelle dir dann jetzt vor, wie sicher und gestärkt der Kleine sich jetzt fühlt. Er ist dieser schwierigen Situation nicht mehr ausgeliefert, sondern hat dich an seiner Seite. Er hat Antworten auf seine Fragen und weiß, dass er keinerlei Schuld hat, sondern alles richtig gemacht hat, weil er so war, wie er ist. Und genau so ist er gut und richtig. Kannst du das so annehmen?

G: Ja.

T: Sehr gut, dann stell dir nun vor, dass er mit dieser Sicherheit und diesem Wissen zuerst immer kleiner wird, so klein, dass er in deine Hand passt. Und wenn er so klein ist, dann lade ihn in dein Herz ein und lass ihn dort wieder groß werden, so groß, bis er dich ganz erfüllt. Kannst du das fühlen? Was bringt er mit?

G: Ich kann das fühlen und merke, wie die Sicherheit und Stärke sich immer weiter in mir ausbreiten.

T: Dann festige das mit diesen Sätzen: Ich bin in Sicherheit. Ich bin gut so, wie ich bin. Ich bin nicht schuld an der Trennung meiner Eltern.

G: Ich bin in Sicherheit. Ich bin gut so, wie ich bin. Ich bin nicht schuld an der Trennung meiner Eltern.

Danach beendeten wir das Klopfen, und ich bat meinen Klienten, sich die Trigger-Situation vom Anfang wieder vorzustellen, also den Moment, in dem der Konflikt mit der Ehefrau brisant wurde. Der Stresswert für den Fluchtimpuls war auf 2 gesunken. Der Klient schilderte, dass er sich der Situation zwar nun gewachsen fühlte und ihr entgegentreten wollte, aber gar keine Idee hatte, wie das aussehen könnte. Ich erklärte, dass das kein Wunder sei, denn wenn Flucht die bisherige primär genutzte Bewältigungsstrategie war, dann fehlten Konzepte für alternative, gesündere Strategien. Hierfür vereinbarten wir eine Folgesitzung, um weiter daran zu arbeiten.

Klopf-Skript 3: Missachtetes Bedürfnis: Individuelle Erfahrungen

1. Trigger-Situation mit dazugehörigem Gefühl

Diese Klientin brachte große Schuldgefühle mit in die Einheit. Sie hatte für ihr fünfjähriges Kind eine große und festliche Geburtstagsparty ausgerichtet, doch das Kind hatte während der Feier die meiste

Zeit geweint oder genörgelt. Am Ende des Tages war sie explodiert und hatte dem Kind vorgeworfen, dass es undankbar und verwöhnt sei. Sie habe sich richtig in Rage geschimpft, und der Tag sei nicht nur für sie, sondern vor allem auch für das Geburtstagskind katastrophal geendet. Der Stresswert für das Schuldgefühl war bei 9.

2. Einstimmungssatz

»Auch wenn ich mich schuldig fühle, liebe und akzeptiere ich mich selbst.«

3. Überleitungsklopfen

Die Klientin nahm die Schuld als schweren Stein im Magen wahr, der unverdaulich zu sein schien. Sie beschrieb den Stein als dunkel, fast wie Kohle, aber sehr schwer. Sie äußerte, dass ihr von dieser Schuld fast ein wenig übel wurde.

4. Visualisierung des inneren Kindes

Bei der Visualisierung landeten wir sofort bei einer Geburtstagsfeier der Klientin selbst:

G: Bei mir war das alles total lieblos, gerade auch in dieser Hochphase von Kindergeburtstagen, so mit vier oder fünf Jahren. Es gab gar keine Dekoration, nur einen langweiligen Marmorkuchen, den ich nicht einmal gern aß. Ich freute mich damals noch so sehr auf meinen Geburtstag, aber meinen Eltern schien das einfach egal zu sein. Es gab auch keine Spiele oder besondere Beschäftigung. Ganz oft gab es dann Streit zwischen den Kindern, und wir waren damit auf uns allein gestellt. Ich hätte mir so sehr gewünscht, dass meine Eltern auf meinen Wunsch nach einer besonderen Geburtstagsparty eingehen. Aber das ist nie passiert.

T: Geh jetzt hin zu der Kleinen und sag ihr: Ich sehe dich jetzt. Ich bin jetzt für dich da.

G: Ich sehe dich und deinen Wunsch jetzt. Ich bin jetzt für dich da.

5. Rollentausch und Herausarbeiten des unerfüllten Bedürfnisses

Der Rollentausch gelang leicht, und die Bedürftigkeit der Kleinen offenbarte sich sehr rasch und intensiv als Trotz, den zunächst ich auffing.

IK: Ich! Will! Meine! Geburtstagsfeier!

T: Du bist richtig enttäuscht darüber, wie dein Geburtstag gelaufen ist, oder?

IK: Ja! Meine Eltern haben sich gar keine Mühe gegeben!

T: Was würdest du dir denn wünschen?

IK: Ich würde mir wünschen, dass da Ballons sind und eine verzierte Torte und dass wir Sackhüpfen machen und Blinde Kuh spielen.

T: Dann holen wir jetzt die Große wieder, und die kümmert sich darum, okay?

IK: Okay.

6. Nachbeelternde Interaktion

Der Tausch geschah ohne mein weiteres Zutun.

G: Ich möchte so gerne den schönsten Geburtstag für dich ausrichten, den du dir vorstellen kannst! Ich backe dir eine Torte, verziere sie, ich besorge Heliumballons, die von allein fliegen, und dann kannst du mal eine richtige Feier erleben!

T: Das klingt toll, mal dir das richtig im Detail aus.

G: Ich habe mir als Kleine auch immer so ein besonderes Knet-Set gewünscht, das würde ich der Kleinen auch schenken. Und ich würde es in fünf Lagen Geschenkpapier einpacken, damit es besonders spannend ist beim Auspacken.

T: Kann die Kleine das annehmen?

G: Ja, sie badet richtig darin und genießt es in vollen Zügen.

T: Dann verweile noch einen Moment in diesem Bild.

7. Integration

T: Wenn du so weit bist, dann stell dir die Kleine vor, die endlich ihre Wunsch-Geburtstagsparty feiert. Wie fühlt sie sich dabei?

G: Sie ist überglücklich. Endlich fühlt sie sich verstanden und genährt. Sie umarmt mich, weil sie sich so über die Feier freut, die ich für sie ausgerichtet habe.

T: Dann stelle dir vor, dass aus dieser Umarmung, aus der Verbindung von dir als Großer und der Kleinen, ein helles, warmes Licht zwischen euch aufleuchtet. Gemeinsam badet ihr in diesem Licht aus Glück, dem Gefühl, verstanden und genährt zu werden. Schließlich merkst du, dass ihr in diesem Licht miteinander verschmolzen seid und auch du nun dieses Glück und diese angenehmen Gefühle in dir hast.

Wir beendeten das Klopfen mit den Abschlusssätzen: »Ich bin glücklich. Ich werde verstanden. Ich bin genährt.« Nach einer kurzen Pause bat ich meine Klientin, sich wieder in die Anfangssituation hineinzuversetzen, in der sie sich schuldig fühlte, weil sie ihrem Kind Undankbarkeit vorgeworfen hatte. Sie hatte durch das Klopfen verstanden, dass sie unbeabsichtigt ein Verhaltensmuster transgenerational reproduziert hatte: das Kind und seine Bedürfnisse gar nicht wahrzunehmen, sondern ihm ihre eigenen Bedürfnisse überzustülpen. Es fiel ihr wie Schuppen von den Augen, dass der Vorwurf der Undankbarkeit gegenüber ihrem Kind absolut unfair war, denn offenbar entsprach eine große Feier gar nicht den Wünschen ihres Kindes, sondern es schien eher überreizt und überfordert gewesen zu sein. Da diese Einheit schon anstrengend genug war, beklopften wir diesen weiteren Aspekt der Schuld nicht mehr gemeinsam, erarbeiteten aber noch den Glaubenssatz, den meine Klientin allein weiter beklopfen sollte: »Auch wenn ich mich wegen meiner Fehler schuldig fühle, schätze ich mich selbst von ganzem Herzen.«

Klopf-Skript 4: **Missachtetes Bedürfnis: Entwicklungsgerechte Erfahrungen**

1. Trigger-Situation mit dazugehörigem Gefühl

Die Mama mit diesem missachteten Bedürfnis schilderte ihren Leidensdruck, der entstand, wenn ihr kleines Baby weinte. Sie war in Sorge, da andere Mütter, die sie kennenlernte, sich ihren Kindern fürsorglich und trostspendend zuwendeten, während sie sich gestresst fühlte, sobald das Kind auch nur einen Ton von sich gab. Wir starteten mit einem Stresswert von 10.

2. Einstimmungssatz

»Auch wenn das Weinen meines Babys mich sehr stresst, liebe und akzeptiere ich mich, so wie ich bin.«

3. Überleitungsklopfen

Den Stress beschrieb sie mit den körperlichen Symptomen Ohrenklingeln, Schweißausbrüchen und als hektischen Impuls. Sie schien die Verbindung zu ihren Fähigkeiten als fürsorgliche und liebevolle Mutter zu verlieren, die sie durchaus hatte, wenn das Baby gerade nicht schrie.

4. Visualisierung des inneren Kindes

In dem Moment, in dem die Klientin erstmalig den Satz »Ich erinnere mich daran« aussprach, sah sie nicht nur sich selbst als Kind, sondern auch ihre sieben Jahre jüngere Schwester im Babyalter vor sich. Sie schrie aus vollem Halse, und die Mama beschrieb, dass sie als Kleine ganz allein mit dem Baby zu sein schien, das vielleicht gerade mal ein halbes Jahr alt war. Sie sah sich selbst, wie sie das Baby streichelte, ihm Spielzeug hinhielt, doch es hörte einfach nicht auf zu weinen. Sie war selbst noch ein junges Mädchen und vollkommen überfordert mit der Situation.

T: Das ist gut nachvollziehbar. Dann sag der Kleinen mal: Ich bin jetzt da und ich sehe dich jetzt.

G: Ich bin jetzt da und ich sehe dich jetzt.

5. Rollentausch und Herausarbeiten des unerfüllten Bedürfnisses

Weil das Gefühl der Überforderung und Hilflosigkeit und auch die Situation selbst einander so stark ähnelten, war es für diese Klientin fast schwerer, noch in der erwachsenen Rolle den letzten Satz zu sagen, weil sie so nah an diesen alten Gefühlen war. Endlich konnte sie all ihrer Verzweiflung, Hilflosigkeit, Überforderung und Wut Raum verschaffen:

IK: Ich bin so verzweifelt. Ich bin völlig hilflos und überfordert. Ich bin wütend auf meine Eltern.

Diese Sätze klopfte sie über mehrere Runden, bis die Intensität schwächer wurde.

T: Möchtest du gerne deine Eltern dazuholen und ihnen das sagen?

IK: Ja.

T: Okay. Die Große ist dafür auch immer an deiner Seite, wenn du sie in irgendeiner Form brauchst. Deine Eltern können auch nichts sagen oder tun, was dir nicht recht ist. Du allein bestimmst, wie das jetzt abläuft.

IK: Okay. Ich möchte, dass sie erst einmal das Baby nehmen und beruhigen, damit es endlich aufhört zu schreien. Das machen sie jetzt, und ich kann aufatmen. Jetzt möchte ich ihnen etwas sagen.

T: Mach das und sprich sie dabei direkt an.

IK: Es ist unmöglich, was ihr hier mit mir macht! Ihr könnt mich doch als Siebenjährige nicht allein mit dem Baby lassen! Ich bin völlig überfordert damit! Ihr habt sie wohl nicht mehr alle! Wo seid ihr überhaupt und was macht ihr die ganze Zeit?

T: Brauchst du Antworten auf diese Fragen oder reicht es dir, deine Wut rauszulassen?

IK: Ich hätte schon gerne Antworten, aber niemand kann mir das erklären.

T: Kann die Große dir vielleicht helfen?

IK: Vielleicht. Ich würde wirklich gerne verstehen, was meine Eltern sich dabei gedacht haben, mich einfach mit meiner Schwester allein zu lassen.

6. Nachbeelternde Interaktion

T: Dann wechsle doch einmal die Rolle und probiere es aus. Achte als Große darauf, zuerst die Gefühle der Kleinen zu validieren.

G: Du bist außer dir vor Wut, weil deine Eltern dir die Verantwortung für ein kleines Baby aufbürden, und dazu hast du jedes Recht. Das geht gar nicht, weder für dich, noch für das Baby. Da haben unsere Eltern ihren Job nicht gut gemacht! Ich weiß leider auch nicht, wie sie auf diese Idee gekommen sind oder was bei ihnen los war. Vielleicht müssen sie sehr viel arbeiten und wissen sich nicht anders zu helfen. Ich weiß auch nicht, wie das war mit unserer kleinen Schwester, ob sie geplant war, gewollt, oder nicht.

T: Das heißt, auch du als Große kennst die Antworten nicht abschließend.

G: Nein, leider nicht.

T: Ist denkbar, das an passender Stelle einmal mit deinen Eltern zu besprechen? Beziehungsweise wäre das wichtig für dich?

G: Ich würde schon gerne einmal das Gespräch mit meinen Eltern suchen, habe aber keine Vorstellung, wie das laufen würde.

T: Gut, dann lass uns das erst einmal kurz beiseiteschieben, darauf können wir nach dem Klopfen noch mal zurückkommen. Was könnte denn der Kleinen jetzt noch helfen, damit sie sich besser fühlt? Könntest du ihr beispielsweise sagen, dass sie sich ab jetzt nicht mehr um ihre Schwester kümmern muss? Würde ihr das guttun?

G: Auf jeden Fall.

T: Dann sag ihr das mal in deinen Worten.

G: Es ist viel zu viel von dir verlangt, dass du dich um das Baby kümmern musst. Das endet jetzt sofort. Deine Eltern tragen diese Verantwortung und nicht du. Ich nehme dir die Last dieser Aufgabe jetzt ab, und du darfst all das tun, was ein siebenjähriges Mädchen eben so tun möchte: malen, spielen, draußen toben, mit Freund:innen sein, tanzen, Musik hören. All das kannst du jetzt ganz unbeschwert machen.

T: Kann die Kleine das annehmen und machen?

G: Ja, sie ist ganz erleichtert, sie lacht und tanzt. Und manchmal, wenn ihr danach ist, dann kann sie ja mit dem Baby spielen, aber sie muss sich eben nicht mehr allein darum kümmern.

T: Das klingt wundervoll. Dann kannst du ihr jetzt noch sagen, dass du immer für sie da bist, wenn sie deine Hilfe braucht. Manchmal kannst du nicht sofort da sein, aber du wirst immer wieder zu ihr kommen, darauf darf sie sich verlassen.

G: Ich werde immer für dich da sein. Manchmal kann ich nicht sofort für dich da sein, aber ich komme immer wieder zu dir. Darauf kannst du dich verlassen.

T: Möchtest du die Kleine jetzt mal umarmen?

G: Ja!

7. Integration

T: Dann stell dir jetzt vor, dass ihr euch umarmt und du die Kleine festhältst. Sie kann sich richtig bei dir anlehnen und aufatmen. In dem Moment erstrahlt ein Licht zwischen euch beiden, das euch ganz einhüllt. Warmes, goldenes Licht. Du merkst, wie ihr in eurer Umarmung langsam miteinander verschmelzt und schließlich die Kleine mit all ihren neuen Gefühlen ein Teil von dir geworden ist. Welche Gefühle bringt sie dir mit?

G: Große Erleichterung. Ich fühle mich wirklich zehn Kilo leichter.

Da sind große Leichtigkeit und Entlastung. Und auch Liebe spüre ich.

T: Nimm die Leichtigkeit, die Entlastung und die Liebe ganz bewusst wahr, speichere dir dieses Gefühl ab. Klopfe jetzt noch zu den Sätzen: Ich fühle Leichtigkeit. Ich bin entlastet. Ich spüre Liebe.

G: Ich fühle Leichtigkeit. Ich bin entlastet. Ich spüre Liebe.

Wir beendeten an dieser Stelle die Einheit und griffen in einer der nächsten Stunden den Wunsch nach dem klärenden Gespräch mit den Eltern vor. Wir spielten verschiedene Szenarien durch, sodass die Klientin mit einer gesunden Erwartungshaltung in das Gespräch gehen konnte, nämlich ohne die Hoffnung, dass die Eltern einsichtig um Verzeihung bitten würden, sondern lediglich mit dem Bedürfnis der Selbstoffenbarung, dass sie sich diese Antworten wünschen würde. Sie hatte ja mit dem Klopfen einen Weg gefunden, wie sie zur Not auch unabhängig von ihren Eltern innere Ruhe finden konnte und sich an Vergeblichkeiten anpassen konnte.

Klopf-Skript 5: Missachtetes Bedürfnis: Stabile und unterstützende Gemeinschaften

1. Trigger-Situation mit dazugehörigem Gefühl

In diesem Prozess begleitete ich einen Klienten, der Schwierigkeiten mit Besuchskindern zuhause hatte. Er traute seinen sechsjährigen Zwillingen nicht zu, dass sie Konflikte mit Spielpartner:innen selbst lösten, sondern schritt bereits bei kleinsten Unstimmigkeiten, die er im Spiel der Kinder mitbekam, ein. Die Kinder hatten darüber schon ihren Unmut geäußert, und auch der Papa hatte versucht, sich zurückzunehmen, jedoch gelang es ihm nicht. Wir starteten mit einem Stresswert von 8.

2. Einstimmungssatz

»Auch wenn ich mich bei Konflikten meiner Kinder noch nicht zurücknehmen kann, liebe und akzeptiere ich mich selbst.«

3. Überleitungsklopfen

Das Gefühl, sich nicht zurücknehmen zu können, beschrieb mein Klient wie Blubberblasen im Magen, die eine grün-gelbliche Farbe hatten und nur sehr schwer zu beruhigen waren.

4. Visualisierung des inneren Kindes

Bei der Visualisierung landeten wir in einer Situation in der Grundschulzeit.

G: Wir sind damals gerade erst umgezogen, mitten im Schuljahr. Ich musste meine Freunde zurücklassen und kam auf eine neue Schule. Ich war der Neue, der erst hergezogen war, und hatte einen schwierigen Start. Im Laufe des Schuljahres wurde es immer schlimmer, und ich wurde regelrecht gemobbt. Ich sehe mich, wie ich auf dem Schulhof stehe, allein und ohne Anschluss. Die anderen Kinder lachen mich aus, und manchmal, wenn mir ein Missgeschick passiert ist oder ich eine Antwort nicht wusste, machte mich auch meine Lehrerin schlecht.

T: Wie hast du dich damals gefühlt?

G: Hilflos, vorgeführt, einsam.

T: Dann sag dem Kleinen jetzt mal: Ich sehe dich jetzt. Ich bin für dich da.

G: Ich sehe dich jetzt. Ich bin für dich da.

5. Rollentausch und Herausarbeiten des unerfüllten Bedürfnisses

Nach dem Rollentausch zeigte sich jetzt schnell Wut auf die Erwachsenen, die die Hilflosigkeit des Kleinen gar nicht richtig ernst genommen hatten.

IK: Ich kann nicht glauben, dass sogar meine Lehrerin gegen mich ist! Nicht einmal meine Eltern scheint es zu interessieren, wie gemein die anderen Kinder zu mir sind. Ich hätte mir Unterstützung oder wenigstens etwas Zuspruch gewünscht!

T: Beklopfe diesen Ärger und diese Enttäuschung noch weiter mit eigenen Worten.

IK: Ich bin so wütend! Ich kann das nicht fassen. Wie konntet ihr nur? Ich bin so enttäuscht. Die Enttäuschung ist so groß. So eine große Enttäuschung.

6. Nachbeelternde Interaktion

Als mein Klient einige Runden geklopft hatte, lud ich zum Rollenwechsel ein.

T: Stelle dir jetzt vor, dass du als Großer zu deinem kleinen Ich dazukommst. Du kennst und verstehst seine Gedanken und Gefühle sehr gut. Wie könntest du ihm helfen? Was möchtest du ihm gerne sagen?

G: Es tut mir so leid, wie gemein die Kinder zu dir sind. Du kommst neu in die Klasse, kennst niemanden, bist selbst verunsichert und wirst überhaupt nicht willkommen geheißen. Die Erwachsenen sollten das ein wenig anleiten und einen Rahmen schaffen, damit auch neue Kinder in die Klasse integriert werden. Das haben sie versäumt.

T: Da haben sie ihren Job nicht richtig gemacht.

G: Genau, sie sind ihrer Verantwortung gar nicht gerecht geworden und haben mich einfach im Stich gelassen. Gerade auch meine Lehrerin, die mit ihrem Verhalten noch Öl ins Feuer gegossen hat. Das war nicht okay!

T: Das war es tatsächlich nicht. Schau jetzt noch einmal den Kleinen an. Wie ist es für ihn, das so zu hören? Wechsel dafür gerne noch mal kurz die Rolle und sprich das laut aus.

IK: Jetzt, wo der Große so zu mir spricht, fühle ich mich endlich verstanden und nicht mehr falsch. Ich habe nichts falsch gemacht, und ich konnte nichts an der Situation ändern. Ich war einfach ich selbst. Es lag nicht an mir. Selbst wenn ich mich manchmal vielleicht komisch verhalten habe, hätte ich doch die Hilfe der Erwachsenen dabei gebraucht, das zu erkennen und zu verändern. Allein war ich einfach so überfordert damit.

T: Genau, du warst überfordert. Aber jetzt ist ja der Große für dich da und unterstützt dich. Wie könntet ihr die Situation gemeinsam so verändern, dass du dich willkommen, sicher und unterstützt fühlst?

IK: Vielleicht könnten die Erwachsenen so was wie ein Projekt machen, wenn jemand Neues kommt. Oder sie besprechen im Morgenkreis mit den Kindern, wie schwierig das für alle sein kann und was man als Gruppe tun kann, wenn jemand dazukommt. Jedenfalls sollten wir darüber sprechen, und die Lehrerin sollte auch ihr Verhalten überdenken.

T: Okay, sehr gut, das sind doch einige Ideen! Dann stell dir das jetzt vor. Male dir genau aus, wie das ablaufen könnte, wie ihr da als Klasse zusammensitzt und Unterstützung von den Erwachsenen bekommt. Vielleicht hatten die Kinder ja eigentlich gar keine böse Absicht, sondern waren selbst auch überfordert mit der Situation, und jetzt, wo sie dabei begleitet werden, klappt das besser. Stell es dir genauso vor, dass du dich willkommen, sicher und unterstützt fühlst.

IK: Ja, das tue ich.

T: Dann bleibe noch einen Moment in diesem wohligen Gefühl, und wenn du bereit bist, wechsle zurück in die Rolle des Erwachsenen.

G: Okay. Ich sehe jetzt den Kleinen in seiner Klasse, er lacht und redet mit den anderen Kindern. Jemand leiht ihm einen Stift aus, und ein anderes Kind verabredet sich am Nachmittag mit ihm zum Spielen.

T: Du kannst dem Kleinen jetzt noch zu verstehen geben, dass du jederzeit wiederkommen kannst, wenn er dich noch einmal braucht.

7. Integration

T: Wenn du ihn da so beobachtest, angekommen und vertraut in der Gruppe, dann wird es langsam Zeit, den Kleinen und diese Gefühle zu dir einzuladen. Stell dir vor, er schrumpft und wird kleiner und kleiner, bis er in dein Herz passt. Dann lässt du ihn in dein Herz hinein und von dort aus wieder wachsen. Kannst du dir das vorstellen?

G: Ja, das sehe ich.

T: Gut, dann beobachte nun, welche Gefühle dein inneres Kind mit sich bringt, jetzt, wo es in dir weiterwächst, bis es dich ganz erfüllt.

G: Ich fühle mich jetzt voller Vertrauen, Zugehörigkeit und Ruhe. Ich bin ganz ruhig, die Blubberblasen sind jetzt völlig verschwunden.

T: Speichere diese Gefühle in dir, indem du abschließend ein oder zwei Runden klopfst: Ich bin voller Vertrauen, Zugehörigkeit und Ruhe.

G: Ich bin voller Vertrauen, Zugehörigkeit und Ruhe.

Im Nachgespräch zeigte sich, dass die Streitigkeiten der Kinder meinen Klienten tatsächlich genau in dieses Gefühl der Hilflosigkeit aus der Schulsituation katapultiert hatten und er sich in der Pflicht gefühlt hatte, es besser zu machen als die Erwachsenen, die er selbst erlebt hatte. Nun, wo es diese Notwendigkeit nicht mehr gab, galt es nur noch, sich in Zurückhaltung zu üben. Mit der Klopf-Einheit hatten wir den Weg geebnet für ein neues Verhaltensmuster, genauso wichtig war dann jedoch, diesen Weg auch immer wieder zu gehen.

Der große Bonus dieser Methode für den Umgang mit unseren echten Kindern ist, dass wir über die Verbindung zum inneren Kind unser ureigenes und untrügliches Gespür für einen friedvollen und bindungsorientierten Umgang mit Kindern zurückgewinnen, frei von Glaubenssätzen und Konditionierungen. Das ist wie das Nonplusultra der Augenhöhe, denn mit am besten gelingt Augenhöhe, wenn wir uns, beispielsweise durch gleiche oder ähnliche Erfahrungen, wirklich in unsere Kinder hineinversetzen können. Durch die Begegnung und Verbindung zu unserem inneren Kind wird uns das immer leichter gelingen. Wir sind uns an der Stelle zuerst selbst am nächsten, ermöglichen so aber eine neue und echte Form der Verbindung und Zuwendung. Wir können nicht immer eins zu eins von uns auf unsere Kinder schließen, so wie es im Beispiel mit der Geburtstagsfeier deutlich wurde. Wir können aber unser Gespür für unerfüllte Bedürfnisse und Strategien zu deren Erfüllung verfeinern und unsere Achtsamkeit schulen. Wenn wir uns selbst nachbeeltern, hat das zum einen zur Folge, dass wir mehr Kapazität haben, also unser innerer »Topf« leerer wird und wir nicht so schnell »überkochen«, zum anderen aber auch, dass wir viel klarer sehen und priorisieren können. Wir werden viel seltener in die Falle tappen, unsere eigenen Grenzen zu überschreiten, was häufig ein Ursprung von Unzufriedenheit und Erschöpfung ist, sondern uns immer mehr erlauben können, für uns selbst und damit für unsere Kinder einzustehen.

SCHLUSS:
Das milde Herz ist ausnahmslos immer der beste Weg

Ihr habt raue und schwielige Hände, weil ihr unsere Wohnung sauber haltet, Dinge repariert und uns ein Zuhause schafft. Ihr habt wunde Knie, weil ihr uns auf Augenhöhe begegnen und die Welt aus unserer Perspektive sehen wollt. Ihr habt hängende Schultern, weil ihr die Last mit euch herumtragt, uns Kinder behütet und unversehrt durch die zahlreichen Krisen unserer Zeit zu begleiten. Ihr redet euch den Mund fusselig, weil ihr wollt, dass wir besser verstehen und mehr teilhaben können, als ihr es selbst erlebt habt. Ihr atmet Wut weg, um uns nicht anzuschreien und damit zu verängstigen. Ihr habt müde Augen, weil ihr nachts über uns wacht, uns tröstet und uns nicht allein weinen lasst. Ihr habt Sorgenfalten, weil ihr uns, so gut es geht, auf eine ungewisse Zukunft vorbereiten wollt.

Aber ihr habt auch Lachfalten, weil ihr mit uns eine verloren geglaubte Leichtigkeit wiederentdeckt. Eure Augen leuchten vor Stolz, wenn wir ohne Druck und ohne Zwang ein anderes Kind trösten, das gestolpert ist. Ihr atmet auf, wenn ihr den Moment auf dem Sofa ganz für euch allein genießen könnt, weil wir mit vollem Bindungstank auch mal ohne euch spielen. Euch verschlägt es die Sprache, wenn die stressigsten und nervigsten Momente irgendwann ganz ohne Erklärungen und Antreiber laufen.

Ihr strafft eure Schultern, immer wieder aufs Neue, weil ihr genau wisst, wofür. Ihr steht auf und geht weiter und ihr tragt uns auf Händen, wenn wir nicht mehr können.

Denn ihr seid für uns da.

Ihr seid eine neue Generation von Eltern, die mutig sind, die reflektieren und dazulernen.

Die Gewalt ablehnen und neue Wege gehen.

Die uns Kinder friedlich aufwachsen lassen für eine friedlichere Welt.

Mit dem Ziel dieser friedlicheren Welt kann leicht das Bild der perfekten Bilderbuch-Familie entstehen, die einander immer achtsam zuhört, in der alle Bedürfnisse perfekt ausbalanciert sind, die Eltern ausreichend Pausen haben und die Kinder entspannt frei spielen und Konflikte souverän miteinander ausdiskutieren.

Ich habe wirklich viele Familien kennengelernt und kann mit großer Sicherheit sagen: Diese Familie, in der es dauerhaft so läuft, gibt es nicht. Deswegen brauchen wir uns auch nicht an diesem unrealistischen Anspruch zu messen und darüber doch wieder in Schuldgefühle und ein schlechtes Gewissen zu verfallen. Der ausnahmslos beste Weg ist der Blick mit mildem Herzen und großer Klarheit auf uns selbst und auf andere. Das milde Herz geht immer von guten Gründen für das Verhalten sowohl von Kindern als auch von Erwachsenen aus. Es validiert Gefühle und lässt ihnen Raum. Es verurteilt nicht und es wertet nicht ab. Das milde Herz glaubt daran, dass jeder Mensch, unabhängig von seiner Leistung, seinem Aussehen, seiner Vorgeschichte, bedingungslos wertvoll ist. Das milde Herz lebt und liebt, wird geliebt und lässt leben.

Gleichzeitig gehört es untrennbar mit der großen Klarheit zusammen, denn auch sie akzeptiert im Gegenzug keine Verurteilung, keine Abwertung und keine Grenzüberschreitung. Wir können klar und deutlich unsere Grenzen kommunizieren und verteidigen und dabei milde im Herzen bleiben, weil wir es früh genug tun und nicht erst, wenn wir schon kurz davor sind, die Fassung zu verlieren. Die große Klarheit ermöglicht uns immer tieferen Zugang zu unseren Gefühlen sowie inneren Prozessen und damit zu neuen Erkenntnissen.

Allem voran dürfen wir anfangen, uns selbst zu erlauben, zu wachsen und zufrieden zu sein, indem wir nach und nach transgenerationale Muster durchbrechen und neu denken, neu fühlen, neu handeln.

Dass das nicht immer einfach zu sein scheint, liegt auf der Hand. Doch wir müssen es uns auch nicht schwerer machen als nötig. Wir können ausprobieren, ob es manchmal nicht doch überraschend leicht und schnell gehen kann, etwas zu verändern. Ein Weg kann sein, Veränderungen nicht mehr als große, sperrige Vorhaben zu sehen, sondern als kleine, spielerische Experimente. Ein Beispiel: Ich fuhr einmal mit dem Taxi und der Fahrer hatte alle Fenster geöffnet. Zu Beginn hatte er sogar gefragt, ob ich damit einverstanden war und weil wir noch langsam fuhren, war es mir recht. Als wir jedoch mit höherer Geschwindigkeit fuhren, merkte ich doch, dass ich den Luftzug als störend empfand. Sofort sprang meine Konditionierung an, und ich dachte: »Ich kann doch da jetzt nichts sagen, vielleicht ist ihm das ja wichtig, dass die Fenster auf sind. Schließlich ist das auch sein Taxi, er muss den ganzen Tag darin verbringen, und es ist sicher schwierig für ihn, wenn er sich da ständig auf die verschiedenen Befindlichkeiten einstellen muss. Ich halte das einfach aus, das wird sicher nicht mehr lange dauern.« Ich war jedoch durch die Embodiment-Übung schon sehr sensibilisiert für das Aushalten und stellte auch fest, dass diese Sätze meinem Glaubenssatz entsprangen, es allen recht machen zu wollen und möglichst niemandem zur Last zu fallen. Allein durch das Bewusstsein wurde mir dieser Glaubenssatz unbequem, und ich beschloss, spielerisch mit der Situation zu experimentieren. Ich dachte mir, dass es doch eigentlich spannend wäre, zu erleben, wie der Taxifahrer wohl reagieren würde, wenn ich ihn bat, doch die Fenster zu schließen. Ich dachte mir auch, dass ich einfach mal ausprobieren könne, etwas zu sagen, um dann zu beobachten, wie ich mich damit fühle. Ich distanzierte mich also gewissermaßen innerlich von der Situation und betrachtete sie wie eine Forschende ein Experiment. Dennoch kostete es mich noch einige Minuten, um meinen Mut zusammenzunehmen und den Fahrer anzusprechen. Die Erkenntnisse aus diesem Experiment waren ungemein wertvoll für mich: Ich stellte fest, dass es mir tatsächlich damals noch wichtiger war, wie es anderen ging, als mir selbst. Dass ich sofort ein schlechtes Gewissen hatte, weil die Sorge sich meldete, ich könnte dem Taxifahrer eine Last sein. Während ich diese Situation jetzt, Monate später, Revue passieren lasse, muss ich fast darüber lachen, wie absurd das klingt. Doch dieses Erlebnis war mir ein wichtiger und dienlicher Wegweiser in meiner weiteren inneren Arbeit. Ich wusste dank dieser Situation, dass ich noch weiter an meinem bedingungslosen Selbstwert und am Glaubenssatz, eine Last zu sein, arbeiten durfte. Wir müssen die Balance finden zwischen einer radikalen Akzeptanz der Gegebenheiten und gleichzeitig der selbstwirksamen Gestaltung des Familienlebens.

Durch die Methode des Nachbeelterns ist Nachreifen möglich. Es kann gelingen, sich von belastenden Erfahrungen zu befreien. Dennoch sollte es nicht das erste Mittel der Wahl sein. Sonst wäre die Versuchung groß, einfach auf gute Therapeut:innen für unsere Kinder zu hoffen und sich gar nicht all die Mühe zu machen. Doch wir haben die Verantwortung als Eltern und dürfen sie immer wieder neu ausfüllen und tragen. Das eigentliche Mittel der Wahl im Umgang mit Kindern sollte nämlich das Großlieben von Anfang an sein, mit einer Definition von Liebe, die weitaus mehrdimensionaler ist, als wir sie bisher womöglich wahrgenommen haben:

Liebe, die tröstet, genauso wie Liebe, die Raum lässt.
Liebe, die zuhört, genauso wie Liebe, die erzählt.
Liebe, die versteht, genauso wie Liebe, die verstanden werden will.
Liebe, die vertraut, genauso wie Liebe, die ermutigt.
Liebe, die gibt, genauso wie Liebe, die nimmt.

WIR SIND DIE ELTERN EINER NEUEN GENERATION.

Ein Manifest

In dieses Buch sind meine Erkenntnisse und Erfahrungen der letzten Jahre geflossen, in denen ich mich voll und ganz den Themen Kinderrechte, Erziehung und Pädagogik verschrieben habe. Obwohl ich Hunderte von Büchern gelesen, Hunderte von Kindern betreut und Hunderte von Beratungen durchgeführt habe, fühlt sich die Begleitung von Familien doch immer wieder wie komplettes Neuland an – weil jede Familie eine komplett neue Geschichte mit sich bringt. Umso mehr Dankbarkeit und Stolz empfinde ich darüber, dass ich dieses Buch schreiben und damit teilen durfte, wie ich selbst die Welt sehe und wie ich mir vorstelle, dass unsere Kinder sie sehen. Genauso wie du mache auch ich mich nun weiter auf den Weg, meine Persönlichkeit zu entfalten und meine alten Wunden zu heilen. Dabei begleitet mich ein Manifest, das ich gerne mit dir teilen möchte, damit es uns Eltern einer neuen Generation miteinander und mit unserer Vision einer friedvolleren Welt verbinden kann:

Ich wäre gerne Kind mit mir als Elternteil.

Ich bin gut und genug, genauso, wie ich bin.

Ich lerne jeden Tag dazu.

Ich begleite mein Kind nicht nur beim Wachsen,
sondern wachse dabei selbst über mich hinaus.

Ich bin bedingungslos liebenswert.

Alle meine Gefühle dürfen sein. Ich bin bereit, sie anzunehmen, zu Ende zu fühlen und wieder loszulassen. Ich reguliere meine Gefühle.

Ich nehme die Botschaften, die meine Gefühle mit sich bringen, an.

In Demut, Wertschätzung und Milde.

Ich reagiere auf mich, mein Kind und andere Menschen mit einem milden Herzen.

Ich nehme meine eigenen Bedürfnisse wahr und ernst. Ich erlaube mir selbst, mich nachzubeeltern und gut für mich selbst zu sorgen.

Ich erkenne, dass es ausnahmslos immer einen guten Grund gibt, der hinter dem Verhalten steckt. Sowohl bei mir selbst als auch bei meinem Kind und allen anderen Menschen.

Ich erlaube mir, mit weichem Herzen und liebevollem Blick auf mich, mein Kind und alle anderen zu reagieren.

Es ist das einfachste auf der Welt, souverän und mit Leichtigkeit mit mir selbst und meinem Kind umzugehen.

Es ist gut und sicher, souverän auf mein Kind zu reagieren.

Es ist gut und sicher, die elterliche Führung zu übernehmen.

Es ist gut und sicher, immer mehr Leichtigkeit und Freude in mein Leben zu lassen.

Es ist gut und sicher, alte Verhaltensmuster und Beziehungsdynamiken gehen zu lassen.

Ich erlaube mir, einen entspannten Familienalltag zu erleben. Ich erlaube mir, Freude im Umgang mit meinem Kind zu erleben.

Ich erlaube mir, meine Grenzen wahrzunehmen und zu achten. Ich erlaube mir, meinem Kind Grenzen aufzuzeigen, wo es sinnvoll ist. Ich begleite mein Kind liebevoll und wertschätzend.

Ich erlaube mir, liebevoll und achtsam mit mir selbst zu sprechen. Ich erlaube mir Selbstfürsorge und Pausen. Ich erlaube mir, die schönste, liebevollste, größte und mutigste Version meiner selbst zu werden.

Ich wähle hier und heute einen neuen Weg, die Gefühle meines Kindes zu begleiten. Ich wähle hier und heute einen neuen Weg, die Kindheit meines Kindes zu gestalten. Ich wähle hier und heute eine neue Art von Elternschaft. Voller Liebe. Voller Verbindung. Voller Vertrauen.

Ich übernehme die volle Verantwortung für meine Gedanken, Gefühle, Aussagen und Handlungen. Ich übernehme die volle Verantwortung für eine glückliche Kindheit – für mein inneres und echtes Kind.

Es ist nie zu spät für eine glückliche Kindheit.

DANKE

Dieses Buch zu schreiben, war für mich tatsächlich eine der bisher größten Herausforderungen meines Lebens. Umso dankbarer bin ich für diese Erfahrung und die Begleitung zahlreicher großartiger Menschen dabei. Zuallererst möchte ich meiner Frau danken, die immer an meiner Seite ist und die immer an mich glaubt. Deine Liebe und unser gemeinsames Wachstum sind die größten Geschenke in meinem Leben.

Ich danke meinen beiden Lektorinnen, die mich durch dieses Projekt begleitet haben und das Buch mit ihren einfühlsamen und wertvollen Beiträgen so sehr bereichert haben.

Ich danke meinen Freund:innen für den Halt und die bedingungslose Annahme, die sie mir immer schenken.

Ich danke meinen Kolleg:innen und Mitlernenden für gemeinsame Prozesse der Reflexion und Erkenntnis, genauso wie meinen Klient:innen für ihr Vertrauen und die Chance, dank und mit ihnen zu wachsen.

Als ich in den letzten Zügen der Arbeit an diesem Buch war, kam der für mich abschließende Impuls in Form eines Gedichts zu mir:

Wir leben in einer verlorenen Zeit,
und wir sollten nicht denken,
wir könnten einen Unterschied machen.

Hoffnungsvoll zu leben,
ist Verschwendung. Und wir sind überzeugt,
nur für Geld und Macht zu leben,
ist der richtige Weg.

Liebevoll, respektvoll und wohlwollend zu sein,
ist dumm,
Die Gegenwart zu verdrängen,
ist nicht einfach, aber wir versuchen es.

Unsere Welt zu einer besseren zu machen,
ist etwas, das wir nicht tun.

Aufgeben
ist, wie wir Probleme lösen.
Arbeit, Arbeit
ist wichtiger als
Familie.

Offensichtlich gilt:
Menschen sind unfähig und desinteressiert.
Es ist falsch zu glauben,
es gibt Hoffnung.

(frei nach Jonathan Reed)

Beim ersten Durchlesen dieses Gedichtes mag man sich die Frage stellen, was diese deprimierenden Gedanken für ein würdiger Abschluss meiner Danksagung sein sollen. Doch lies dieses Gedicht einmal von unten nach oben – du wirst feststellen, dass die Botschaft eine völlig andere ist. Auch dafür möchte ich meine Dankbarkeit äußern: für die großartige Chance des Perspektivwechsels. Die Möglichkeit, Dinge aus einer anderen Perspektive zu betrachten, kann uns spannende neue Sichtweisen und Handlungsmöglichkeiten eröffnen. Ich hoffe, mit diesem Buch einen Beitrag dazu geleistet zu haben, und danke zu guter Letzt nun dir dafür, dass du dieses Buch gelesen und damit auch einen Beitrag zu einem friedvolleren Morgen leistest.

LITERATURVERZEICHNIS

Ahnert, Lieselotte: Theorien in der Entwicklungspsychologie. Berlin/Heidelberg: Springer Verlag, 2014.

Asisi, Vaidilutė: Entwicklungsbedingungen im Kontext der Eltern-Kind-Beziehung. Wiesbaden: Springer Fachmedien, 2015.

Bauer, Joachim: Das Gedächtnis des Körpers. Wie Beziehungen und Lebensstile unsere Gene steuern. München: Piper, 2013.

Bauer, Joachim: Warum ich fühle, was du fühlst. Intuitive Kommunikation und das Geheimnis der Spiegelneurone. München: Heyne, 2006.

Becker-Oberender, Kornelia: Klopfakupressur mit Kindern, Jugendlichen und Familien. Das Handbuch für die Praxis: systemisch, energetisch, ressourcenorientiert. Kirchzarten bei Freiburg: VAK, 2008.

Berndt, Christina: Resilienz. Das Geheimnis der psychischen Widerstandskraft. Was uns stark macht gegen Stress, Depression und Burn-out. München: dtv, 2018, 7. Auflage.

Bohne, Michael: Psychotherapie und Coaching mit PEP. Prozess- und Embodimentfokussierte Psychologie in der Praxis. Heidelberg: Carl-Auer Verlag, 2021.

Braun, Anna Katharina; Stern, Elsbeth: Neurowissenschaftliche Aspekte der Erziehung, Bildung und Betreuung von Kleinkindern. Düsseldorf: ETH Zürich, 2007.

Brazelton, Berry T.; Greenspan, Stanley I.: Die sieben Grundbedürfnisse von Kindern. Was jedes Kind braucht, um gesund aufzuwachsen, gut zu lernen und glücklich zu sein. Aus dem Amerikan. von Elisabeth Vorspohl. Weinheim, Basel: Beltz Verlag, 2002.

Bunz-Schlösser, Gabriela: Nimm dein inneres Kind an die Hand. Wie du deine Vergangenheit loslässt und im Heute glücklich wirst. München: MVG, 2018.

Chapman, Gary; Campbell, Ross: Die 5 Sprachen der Liebe für Kinder. Wie Kinder Liebe ausdrücken und empfangen. Marburg an der Lahn: francke, 2014.

Charf, Dami: Auch alte Wunden können heilen. Wie Verletzungen aus der Kindheit unser Leben bestimmen und wir dennoch Frieden in uns selbst finden können. München: Kösel, 2018

Cori, Jasmin Lee: Das große Trauma-Selbsthilfe-Buch. Symptome verstehen und zurück ins Leben finden. München: Kösel, 2015.

Covey, Stephen R.: Die 7 Wege zur Effektivität für starke Familien. Offenbach: GABAL, 2020.

Domsch, H. et al.: Kinder im Stress. Wie Eltern Kinder stärken und begleiten. Berlin/Heidelberg: Springer-Verlag, 2016, 2. Auflage

Draxler, Astrid; Koch, Angelika: Das FenKid-Buch für Eltern. Kindern von 0–3 Jahren liebevoll Halt geben. München: Kösel, 2017.

Easwaran, Karella: Das Geheimnis ausgeglichener Mütter. Starke Mütter. Starke Familien. Starke Gesellschaft. München: Kösel, 2020.

Fink, Angelina: Transgenerationale Weitergabe von belastenden Kindheitserfahrungen – Einfluss von mütterlicher psychischer Belastung auf die kindliche Entwicklung. Universität Ulm, 2019.

Geiser, Kaspar: Problem- und Ressourcenanalyse in der Sozialen Arbeit. Eine Einführung in die Systemische Denkfigur und ihre Anwendung. Freiburg: Lambertus, 2015.

Gibson, Lindsay C.: Kalte Kindheit. Wie wir trotz unemotionaler Eltern Wärme im Leben finden. München: Kailash, 2018.

Graf, Danielle; Seide, Katja: Das gewünschteste Wunschkind aller Zeiten treibt mich in den Wahnsinn. Der entspannte Weg durch Trotzphasen. Weinheim: Beltz 2016.

Hantke, Lydia; Görges, H.-Joachim: Handbuch Traumakompetenz: Basiswissen für Therapie, Beratung und Pädagogik. Junfermann, 2012.

Herzog-Visscher, Regina: Fachfortbildungen für EFT Klopfakkupressur. https://klopfakupressur-fachfortbildungen.de/

Imlau, Nora: So viel Freude, so viel Wut: Gefühlsstarke Kinder verstehen und begleiten. München: Kösel 2021.

Imlau, Nora: Du bist anders, du bist gut. Gefühlsstarke Kinder beim Großwerden begleiten. München: Kösel 2021.

Jenni, Oskar: Die kindliche Entwicklung verstehen. Praxiswissen über Phasen und Störungen. Berlin: Springer Nature, 2021.

Kabat-Zinn, Myla; Kabat-Zinn, Jon: Mit Kindern wachsen. Die Praxis der Achtsamkeit in der Familie. Freiburg: Arbor Verlag, 1997.

Kaluza, Gert: Gelassen und sicher im Stress. Berlin/Heidelberg: Springer-Verlag, 2018, 7. Auflage

Kehl, Christoph; Beck, Stefan; Jörg Niewöhner (Hrsg.): Wie geht Kultur unter die Haut? Emergente Praxen an der Schnittstelle von Medizin, Lebens- und Sozialwissenschaft. Bielefeld: Transcript, 2008, S. 31–54.

Kohn, Alfie: Liebe und Eigenständigkeit. Die Kunst bedingungsloser Elternschaft, jenseits von Belohnung und Bestrafung. Freiburg: Arbor, 2010.

Kuschik, Karin: 50 Sätze, die das Leben leichter machen. Ein Kompass für mehr innere Souveränität. Hamburg: Rowohlt Verlag, 2022

Marx, Susanne: Klopfakupressur kompakt. Die besten Techniken auf einen Blick. Kirchzarten bei Freiburg: VAK Verlag, 2008.

Marx, Susanne: Klopfen befreit. EFT klar und verständlich. Kirchzarten bei Freiburg: VAK Verlag, 2010.

Pohlmann, Ilga: Endlich frei essen. https://endlichfreiessen.de/

Rauwald, Marianne (Hrsg.): Vererbte Wunden: Transgenerationale Weitergabe traumatischer Erfahrungen. Weinheim: Beltz, 2020, 2. Auflage.

Rizzolatti, Giacomo, Craighero, Laila: »The mirror-neuron system«. In: Annual Review of Neuroscience. 2004, S. 169–192. doi:10.1146/annurev.neuro.27.070203.144230

Rose, Elisabeth: Kinder denken einfach anders. 20 wegweisende Erkenntnisse aus der psychologischen Forschung, die das Familienleben leichter machen. München: Kösel, 2022.

Roth, Gerhard et al.: Psychoneurowissenschaften. Breisach: Springer Spektrum, 2020.

Roth, Gerhard; Ryba, Alica: Coaching, Beratung und Gehirn. Neurobiologische Grundlagen wirksamer Veränderungskonzepte. Stuttgart: Klett-Cotta, 2021.

Satir, Virginia: Selbstwert und Kommunikation. Familientherapie für Beratung und zur Selbsthilfe. Stuttgart: Klett-Cotta, 2019.

Scherwath, Corinna: Liebe lässt Gehirne wachsen – Wie Bindungsbeziehungen Kinder in ihrer Entwicklung stärken. Ratgeber für Erzieher und Erzieherinnen in Krippe, Kita und Ganztag. Verlag an der Ruhr: Mühlheim an der Ruhr, 2021.

Schieche, Michael; Schreiber, Sabine (Hrsg.): Ins Tun kommen – Prozess- und ressourcenorientierte Tools der Systemischen Therapie. Das Lehrbuch für die Praxis. Stuttgart: Klett Cotta, 2020.

Schlaaf-Kirschner, Kornelia: Der Beobachtungsbogen für Kinder von 3–6: Mit Tipps und Materialien für die Kita-Praxis. Auf einen Blick. Mühlheim an der Ruhr: Verlag an der Ruhr 2014.

Schlaaf-Kirschner, Kornelia: Der Beobachtungsbogen für Kinder unter 3: Mit Tipps und Materialien für die Kita-Praxis. Auf einen Blick. Mühlheim an der Ruhr: Verlag an der Ruhr 2014.

Schlippe, Arist von; Schweitzer, Jochen: Lehrbuch der Systemischen Therapie und Beratung. Band I: Das Grundlagenwissen. Band II: Das störungsspezifische Wissen. Göttingen: Vandenhoeck + Ruprecht, 2016.

Schmidt, Nicola: artgerecht – Das andere Kleinkinderbuch: Gefühle liebevoll begleiten – Entwicklungsschritte verstehen – Mit Kindern wachsen. Von 2 bis 6 Jahren. München: Kösel, 2018.

Schulz von Thun, Friedemann: Miteinander Reden 3. Das Innere Team und situationsgerechte Kommunikation – Kommunikation, Person und Situation. Reinbek bei Hamburg: Rowohlt, 1998.

Siegler, Robert et al.: Entwicklungspsychologie im Kindes- und Jugendalter. Berlin/Heidelberg: Springer-Verlag, 2016.

Wedewardt, Lea; Hohmann, Kathrin: Kinder achtsam und bedürfnisorientiert begleiten. In Krippe, Kita und Kindertagespflege. Freiburg: Herder Verlag, 2021.

Wirth von, Jan; Kleve, Heiko: Lexikon des systemischen Arbeitens. Grundbegriffe der systemischen Praxis, Methodik und Theorie. Heidelberg: Carl-Auer, 2012.

Wolynn, Marvin: Dieser Schmerz ist nicht meiner. Wie wir uns mit dem seelischen Erbe unserer Familie aussöhnen. München: Kösel, 2022.

Young, Allan: »Kultur im Gehirn: Empathie, die menschliche Natur und Spiegelneuronen«. In: Zaboura, Nadia: Das empathische Gehirn. Spiegelneurone als Grundlage menschlicher Kommunikation. Wiesbaden: VS Verlag für Sozialwissenschaften, 2009, 1. Auflage

Zillig, Ute: »Die transgenerationale Weitergabe von Traumatisierungen als alternativlose Tatsache?«. In Trauma und Gewalt, 11(03), 2017, S. 234–244.

Zenk, Fides; Loeser, Eva; Schiavo, Rosaria; Kilpert, Fabian; Bogdanović, Ozren; Iovino, Nicola: Germ line–inherited H3K27me3 restricts enhancer function during maternal-to-zygotic transition. In: Science, Vol. 357, Issue 6347, pp. 212–216; July 14th, 2017.